Dieses Buch gehört

_____

KÖSEL

Barbara Berger
Albert Biesinger
Simone Hiller
Helga Kohler-Spiegel

Das Familien-Wochenendbuch

Rituale, Geschichten, Spiele, Gebete
Für 52 Wochenenden

Mit Illustrationen von Brigitte Kuka

Die Autorinnen und Autoren

Barbara Berger ist Dozentin und stellvertretende Leiterin der Fachakademie für Sozialpädagogik in Traunstein, dort bildet sie Erzieherinnen und Erzieher aus. Ihr ist es wichtig, Kinder mit Geschichten an die Fragen des Lebens heranzuführen. Sie lebt mit ihrem Mann und ihren beiden Söhnen in der Nähe von Salzburg.

Albert Biesinger ist Professor für Religionspädagogik in Tübingen und beschäftigt sich damit, wie Eltern und Kinder in der Familie Gott entdecken können. Er findet es gut, »über den Tellerrand hinauszuschauen«, deshalb ist er oft bei armen Kindern in den Elendsvierteln in Lateinamerika und arbeitet auch als Notfallseelsorger. Albert Biesinger ist verheiratet, hat vier Kinder und fünf Enkelkinder.

Simone Hiller ist wissenschaftliche Mitarbeiterin bei Professor Albert Biesinger. Dort arbeitet sie an einem Institut, das sich besonders mit dem Religionsunterricht an Berufsschulen beschäftigt und untersucht, wie Schüler Religion lernen. Sie hat beim Radio gearbeitet und beschäftigt sich mit religiösen Fragen von Kindern und Jugendlichen.

Helga Kohler-Spiegel ist Professorin für Religionspädagogik an der Pädagogischen Hochschule in Feldkirch in Vorarlberg. Außerdem arbeitet sie als Psychotherapeutin: Sie kümmert sich um Erwachsene, Kinder und Jugendliche, die Probleme mit sich und ihrem Leben haben, die vieles nicht verstehen können und denen sie zu helfen versucht, in ihr Leben zurückzufinden.

MIX
Papier aus verantwortungsvollen Quellen
FSC® C011124

Verlagsgruppe Random House FSC® N001967
Das für dieses Buch verwendete FSC®-zertifizierte Papier
Hello Fat matt 1,1 liefert Condat, Le Lardin Saint-Lazare, Frankreich.

Copyright © 2013 Kösel-Verlag, München,
in der Verlagsgruppe Random House GmbH
Umschlag: fuchs_design, München
Umschlagmotiv: Maria Toutoudaki / getty_images,
Ulrike Leyers / plainpicture, Klaus Tiedge / plainpicture
Herstellung, Satz und Layout: Nadine Wagner, München
Druck und Bindung: Mohn Media, Gütersloh
Printed in Germany
ISBN 978-3-466-36837-2

Weitere Informationen zu diesem Buch und unserem gesamten lieferbaren Programm finden Sie unter www.koesel.de

Inhalt

NOVEMBER

DEZEMBER

Durch das Jahr – eine Einladung

Kennen Sie das? Die Wochen rennen dahin, wir hetzen hinterher und merken, dass wir zeitlich nicht alles unterbringen können. Es gibt aber auch die andere Seite, wenn sich Zeit verdichtet, dann nehmen wir Stunden bewusst wahr, besonders in Momenten von intensiven Gefühlen wie Glück und Freude oder Schmerz und Leid. Manchmal fallen wir regelrecht aus der Zeit heraus, wir verlieren das Zeitgefühl, bei einem guten Buch, bei Musik, die wir mögen, am Computer – und tauchen nach Stunden wieder auf. Jede und jeder von uns empfindet Zeit anders, doch jede »Zeit« ist geprägt von unserem Erleben.

Wir strukturieren Zeit über die Stunden des Tages, die Wochen, Monate und das Jahr. Als Kinder lernen wir den Rhythmus des Jahres kennen, vor allem aber erleben wir diese Rhythmisierung: den Wechsel der Jahres- und Festzeiten. Wir lernen die Sicherheit kennen, dass im Rhythmus des Jahres die Zeiten wiederkehren und dass dieser Rhythmus verlässlich ist. Das Familien-Wochenendbuch nimmt als Grundstruktur des Jahres die Feste und Zeiten der christlichen Tradition auf, im Wissen um die Veränderungen in der Gesellschaft, die die Gestaltung des Wochenendes und des Jahres mit beeinflussen.

Sie werden in diesem Buch eher süddeutsche, katholisch geprägte Formen des Feierns finden, sichtbar vor allem in den praktischen Zugängen, den Ritualen. Dies wurzelt in der Herkunft des Teams der Autorinnen und Autoren. Wir laden Sie ein, sich darauf einzulassen.

Wir sprechen von »Eltern«, weil Mutter und/oder Vater »Eltern« sind. Wir sagen »Familie« – und wissen natürlich, dass die Lebensform »Familie« sich längst gewandelt hat. Unsere Lebensformen sind vielfältig geworden, aber »Familie« bleibt der Begriff, der die Lebensform mit Kindern beschreibt. »Eltern« können biologische oder soziale Eltern sein, alleine, ein

Paar oder – in Patchwork-Familien – mehrere, als »Mama« und »Papa«, »Vati« und »Mutti« oder mit Vornamen angesprochen, Vater und Mutter oder Mutter und Mutter oder Vater und Vater. Wie auch immer, »Familie« beschreibt für uns diese vielfältigen Lebensformen, in denen Kinder heute aufwachsen.

Wir möchten Sie mit diesem Buch mit unterschiedlichen Aspekten ansprechen:

Am Freitag, am Ende der Arbeitswoche angekommen, stehen Sie als Erwachsene im Mittelpunkt. Die Gedanken, Geschichten und Impulse wollen Sie anregen, einen Moment Luft zu holen, inne zu halten und die Woche nachklingen zu lassen, um tatsächlich im Wochenende anzukommen. Wenn Sie – zumindest manchmal – auch am Wochenende arbeiten müssen, dient der »Freitag« im übertragenen Sinn für den kurzen Übergang von der Arbeit in die freie Zeit.

Am Samstag steht die Familie im Mittelpunkt. Hier gibt es Anregungen, am Wochenende miteinander zu spielen, zu basteln, etwas zu unternehmen, eine Geschichte zu erzählen, und viele andere Möglichkeiten. Wir haben die Anrede »ihr« und »wir« gewählt, um euch als Familie Ideen zu geben, das Wochenende miteinander zu gestalten.

Der Sonntag öffnet den Blick auf die Dimension des Religiösen und des Glaubens. Manchmal steht die ganze Familie im Blick, manchmal Eltern, die ihren Kindern eine biblische Geschichte erzählen, mit ihnen einen religiösen Gedanken besprechen oder auch ein Gebet sprechen.

Wie Sie in Ihrer Familie das Familien-Wochenendbuch nutzen können:

▽ Vielleicht nutzen Sie den Freitag für sich selbst, um einen Moment des Übergangs zu haben und die Woche Revue passieren zu lassen.

▽ Mit jüngeren Kindern können Sie als Eltern Anregung für das Wochenende finden, um eine Spiel- und Gestaltungsidee gemeinsam zu nutzen, miteinander etwas zu unternehmen usw.

▽ Ältere Kinder können schon selbst die Seiten durchblättern und aussuchen, was sie anspricht, was sie gerne tun oder worüber sie gerne reden möchten.

▽ Natürlich können Sie das Buch Woche für Woche nutzen, durch das ganze Jahr hindurch – oder zu bestimmten Zeiten ein Wochenende oder einen Tag Ihrer Wahl.

Ganz wichtig: Das Buch ist selbstverständlich auch für Großeltern. Wir wissen, wie wichtig Omas und Opas für Kinder sind, welch hohe emotionale und soziale Bedeutung Großeltern für ihre Enkelkinder haben können. Also: Wo immer »Eltern« steht, sind Sie als Großeltern ebenso angesprochen und eingeladen!

Ihnen und euch allen viel Freude mit dem Buch – und tolle Wochenenden!
Barbara Berger, Albert Biesinger, Simone Hiller und Helga Kohler-Spiegel

Januar

Der Januar steht am Anfang des Jahres. Was wird dieses Jahr wohl bringen? Zeit für die Familie ist ein wichtiger Aspekt dieses Monats, vor allem die Kommunikation untereinander steht im Mittelpunkt. Also, redet darüber!

Welche Aktivitäten, Ideen und Basteltipps euch in diesem Monat erwarten, seht ihr hier:

★ Endlich Wochenende – Wie ist die Zeit in unserer Familie verteilt?
★ Segen – Wir werden Schutzengel füreinander und basteln welche
★ Wir müssen was besprechen – Wir üben die Kommunikation in unserer Familie
★ Kälte und Wärme – Was heißt es, wenn wir kalt sind? Was bringt uns Wärme und Licht?

1. Wochenende:
Endlich Wochenende

FREITAG

Endlich, das Wochenende steht vor der Tür. Die ganze Woche haben wir es herbeigesehnt, und dann ist Freitagabend, und es ist gar nicht so leicht, ins Wochenende zu finden. Die Erwartungen sind hoch, manchmal sind wir einfach froh, dass die Woche endlich vorbei ist, manchmal nutzen wir den Freitag, um alle anstehenden Aufgaben für das Wochenende zu planen: Was ist einzukaufen, was zu erledigen, wer zu besuchen? Zugleich wäre es schön, mit den Kindern etwas zu unternehmen, Freunde zu sehen, ein wenig Bewegung zu haben oder Sport zu machen. Bei all der Planung kann ein ganzes Wochenende schnell zu kurz werden für all das, wofür wir gerne Zeit finden würden.

Es ist nicht leicht, ins Wochenende zu finden. Vielleicht ist es für Sie selbst gut, vielleicht auch gemeinsam mit Ihrem Partner, Ihrer Partnerin, zuerst einfach »ankommen zu dürfen im Wochenende«: sich für ein paar Minuten hinsetzen, eine Tasse Tee trinken – oder was immer Sie gerne mögen – die meist volle Woche, das Eingespanntsein zwischen verschiedenen Aufgaben hinter sich lassen, durchatmen, für einen Moment wahrnehmen, was mir von der vergangenen Woche durch den Sinn geht, was erfreulich und was mühsam war. Vielleicht mag ich davon erzählen, weil es mich noch beschäftigt, weil mich die Erinnerungen zu dieser Woche noch begleiten. Manches werde ich wohl auch loslassen, damit es vergangen sein darf. So kann ich frei werden, frei für »ein ganz normales Wochenende«.

Es klingt so einfach: ins Wochenende finden. Nehmen Sie sich ein wenig Zeit, um im Wochenende anzukommen, um die Woche hinter sich zu lassen – und durchzuatmen.

SAMSTAG

Zeit für die Familie

Wir sind als Familie aufgrund der unterschiedlichen Arbeits-, Schul- und Kindergartenzeiten und der verschiedenen Freizeit-Aktivitäten der einzelnen Familienmitglieder oftmals so eingespannt, dass es uns kaum oder sogar gar nicht mehr gelingt, während der Woche wirklich »Qualitäts-Zeit« gemeinsam zu verbringen. Sich am Wochenende, z. B. immer samstags zu einem bestimmten, immer gleichen Zeitpunkt als Familie zu versammeln, kann eine Unterbrechung des »Alltags-Trotts« darstellen. Ein solches Gemeinschaftserlebnis kann ein gemeinsames Samstags-Frühstück sein: Hier versammelt sich die Familie bewusst und überlegt, was an diesem Tag, an diesem Wochenende gemeinsam gemacht wird – das ganze Wochenende mit zwei vollen Tagen liegt vor ihnen! Was wollen Vater, Mutter, die Kinder machen? Wo gibt es Möglichkeiten, etwas gemeinsam zu unternehmen, gemeinsame Erlebnisse zu schaffen? Das gemeinsame Planen kann viel Spaß machen und bringt die Familie einander näher, schweißt sie richtiggehend zusammen.

Auf einem Blatt werden die »Pflichten« aus der vergangenen Woche gesammelt, da sind vielleicht noch Hausaufgaben zu machen oder die Kinder müssen für die Schule lernen, ein Elternteil hat vielleicht ein Treffen vereinbart oder geht zum Sport. Auch wenn bestimmte Aktivitäten einzelner Familienmitglieder bereits feststehen, kann immer noch Zeit für die Familie gefunden werden: gemeinsam Spielen, in die Natur gehen, gemeinsam Kochen und Essen – es gibt viele Möglichkeiten.

Machen Sie sich gemeinsam Gedanken darüber, wie Sie die Ihnen verbleibende Zeit gemeinsam nutzen können, machen Sie sich das Wochenende als Familie zum Geschenk!

Pflichten
Freizeit
- Hausaufgaben
- Englischvokabeln
- Fahrradlicht reparieren
- Lauftreff (Papa)
- Frisör (Mama und Nele)
- Picknick
-

SONNTAG

Macht mal Sonntag

Der Sonntag ist ein besonderer Tag: Er ist eine wichtige Unterbrechung des Alltags, denn ohne den Sonntag gäbe es nur noch Werktage. Zwischen all der Hektik des Alltags brauchen wir in unserem Leben Ruhe und Zeit für die Kommunikation untereinander und mit Gott.

Eine Insel, in der wir die Geborgenheit in Gott fühlen und ihr nachgehen können. Der Sonntag ist wie ein Geheimnis. Gott dient uns und auch wir dienen Gott. Dieser Ruhetag lässt uns Raum für die Frage: Was will denn Gott mit uns und für uns? Gott will uns helfen und uns nahe sein. Der Sonntag kann uns helfen, dies zu erfahren.

Ein Sonntagsritual
Unterbrechen Sie mit dem Sonntag bewusst den Alltag! Zünden Sie als äußeres Zeichen eine Kerze an, z. B. am Sonntagabend, nach einem gemeinsamen Essen. Überlegen Sie gemeinsam, wie die kommende Woche für jeden Einzelnen in der Familie aussehen wird.

★ Was steht für die Mutter an willkommenen oder auch unangenehmen Terminen an?
★ Was wird der Vater die Woche über tun oder zu tun haben?
★ Was werden die Kinder machen, gibt es Dinge, die ihnen ein wenig Bauchgrimmen bereiten? Oder gibt es Pläne, die Vorfreude wecken?

Eine Familienkerze lässt sich gut zusammen gestalten. Schneiden Sie aus Blattwachs Figuren und Symbole aus, vielleicht verewigen Sie sich als Familienmitglieder selbst auf der Kerze.

2. Wochenende:

Segen

FREITAG

Es gibt Freitage, an denen man zufrieden auf die Woche zurückschaut, auf eine Woche, die erfreulich und gut war. Vielleicht haben Sie gerade eine solche Woche erlebt, vielleicht war ein Tag dabei, oder zwei, an die Sie gerne denken. Und dann gibt es die Wochen, bei denen man einfach froh ist, sie überstanden zu haben.

Unabhängig davon, ob die Tage gelungen waren oder nicht, sind wir gefordert, das Erlebte gut zu heißen, es als unsere Tage anzunehmen, sagen zu können »es war o.k.«.

Das bedeutet nicht, Erlebtes im Nachhinein positiver wahrzunehmen, als es im Erleben selbst war. Es bedeutet nicht, Erlebtes nachträglich umzudeuten – schwierige Erfahrungen in der vergangenen Woche bleiben belastend, schöne Erlebnisse bleiben erfreulich. Etwas »gut heißen« heißt auch annehmen, dass die Woche so war, wie sie war. Dass wir das Erlebte nicht nachträglich beschönigen oder dramatisieren müssen. Wir nehmen für einen Moment wahr, wie diese Woche gelaufen ist – um sie dann »gut zu heißen«.

In den religiösen Traditionen wird dies »segnen« genannt, *benedicere* im Lateinischen, die wörtliche Übersetzung ist »gut heißen«. Es klingt vermutlich ungewohnt: Am Abend einen Tag segnen, am Freitag die vergangene Arbeitswoche segnen, nicht weil sie so super und wunderbar war, sondern weil es meine Woche war, mit all ihren Höhen und ihren Tiefen, mit allem Schweren und allem Erfreulichen.

Probieren Sie es doch einfach mal aus, nur für diesen Freitag: Segnen Sie Ihre Woche, heißen Sie Ihre Woche gut, wie immer sie war. Sie werden erleben, dass das auch Ihnen guttut.

SAMSTAG

Der Schutzengel

Wolfgang ist ein erfolgreicher Geschäftsmann und viel unterwegs. Für seine Frau und seine Tochter hat er leider nicht so viel Zeit, wie er sich gerne nehmen würde. Er verdient sehr viel Geld und tröstet sein schlechtes Gewissen manchmal damit, dass er sagt: »Ich verdiene so viel Geld, meine Tochter kann Reitunterricht nehmen, zum nächsten Geburtstag kann ich ihr dann auch das lang ersehnte Pony kaufen. Und meiner Frau kann ich jeden Wunsch erfüllen, Kleider, Schmuck, Schuhe. So ist das eben, wer viel Geld verdienen möchte, muss viel arbeiten!« Was Wolfgang nicht weiß: Seine Frau würde gern auf so manches schicke Kleid verzichten, wenn sie nicht so oft allein wäre. Und auch seine Tochter Michaela hat neulich zu ihrer Mutter gesagt: »Es ist schön, dass ich zum Reiten gehen kann, aber wenn der Papa mal wieder mitkommen würde, wäre es noch viel schöner!« Im Kindergarten von Michaela haben sie neulich über Schutzengel gesprochen. Michaela hat darüber nachgedacht, und hat für ihren Papa einen kleinen Schutzengel auf goldenen Karton gemalt, ihn ausgeschnitten und sogar mit Glitzer verziert. Diesen Schutzengel hat sie ihrem Papa dann geschenkt. Einige Wochen später hatte Wolfgang einen Verkehrsunfall auf der Autobahn. Er wurde nur leicht verletzt, aber sein Auto war völlig zerstört. Als die Polizei kam, um den Unfallhergang aufzunehmen, fand Wolfgang den Schutzengel in seinem Geldbeutel. Der Polizist sah ihn und sagte: »Sie können froh sein, dass Sie so einen guten Schutzengel hatten, dieser Unfall hätte auch ganz anders ausgehen können!« Dieser Satz ist Wolfgang lang im Gedächtnis geblieben, und er denkt oft darüber nach. Vielleicht wird es Zeit, etwas in seinem Leben zu verändern.

In der Geschichte hatte ein Mann großes Glück, er hat einen schweren Unfall fast unverletzt überstanden. Manchmal sagen wir dann: »Da hast du einen guten Schutzengel gehabt.« Viele Menschen haben kleine Gegenstände oder Bilder als Glücksbringer dabei, einen Schutzengel oder einen Talisman.

Schutzengel füreinander gestalten

Ihr könnt Schutzengel füreinander gestalten. Das müssen nicht immer Engelsfiguren sein, es kann auch ein kleiner Stein sein, der bemalt wird, oder eine andere kleine Figur, die einen Segenswunsch symbolisiert:

Ich denke an dich,
ich bin in Gedanken bei dir.
Ich segne dich
und wünsche dir gute Wege.

SONNTAG

Geh mit Gottes Segen

»Tschüss, mach's gut« oder »Pass schön auf« sagen wir oft, wenn die Kinder morgens aus dem Haus gehen. Wir wünschen ihnen damit alles Gute für diesen Tag. Diesen Wunsch können wir auch auf besondere Art ausdrücken, indem wir uns segnen. Wir legen die Hand auf den Kopf und sagen zueinander: »Gott beschütze dich« oder zeichnen mit dem Daumen ein Kreuzzeichen auf die Stirn. Dies soll uns zeigen, dass wir zueinander gehören. Wir bitten Gott, dass er uns an diesem Tag behütet und beschützt. Denn es gibt genug Situationen im Leben, in denen wir Gottes Schutz brauchen.

Ein Ritual hat immer eine Bedeutung. Einander zu segnen heißt zu verdeutlichen: »Du gehörst zu Gott. Er ist bei dir und du kannst dich auf seinen Segen verlassen.« Ein solches Segensritual am Morgen drückt auch die innere Verbundenheit von Eltern und ihrem Kind aus, weil sich beide unter Gottes Schutz stellen. Natürlich ist Gott immer bei uns. Aber das Segensritual hilft uns, uns Gottes Schutz immer wieder neu bewusst zu machen, intensiver wahrzunehmen und zu spüren.

Auch Kinder können ihre Eltern segnen, wenn sie morgens aus dem Haus gehen: »Papa, Gott beschütze dich«, »Mama, Gott segne dich«.

So könnt ihr füreinander »Schutz«-Engel sein.

Wir müssen was besprechen

FREITAG

Es ist gut, miteinander – als Paar, als Familie – in guten Zeiten das Gespräch einzuüben, in unbeschwerten Zeiten zu lernen, auch über belastende Dinge zu reden. Dann sind Gespräch und Aushandeln miteinander nicht fremd, wenn es tatsächlich in schwierigeren Zeiten nötig ist.

Vermutlich kennen Sie das: Ich freue mich auf den Feierabend, auf's Wochenende, und dann das: Der Partner, eines der Kinder, ein Elternteil – wer auch immer im gemeinsamen Haushalt lebt – hat einen Satz gesagt, der mich ärgert. Wir haben Zwischentöne gehört, die uns irritieren, kränken, zornig machen. Doch – wie so oft – es kommt nicht dazu, das Gefühl überhaupt wahrzunehmen und als solches dann rückzumelden, sondern wir reagieren verärgert, gekränkt. Dann gibt ein Wort das nächste, es scheint unmöglich zu sein, die Spirale der Worte und des Streits zu stoppen. Danach, wenn der Streit eskaliert ist, dann erst kommt das Nachdenken. Manchmal wird einem dann auch bewusst, dass wir uns ja eigentlich mögen, dass es schade ist um das Wochenende, im Streit zu verharren. Manchmal gelingt es dann, das Missverstehen, die Verletzung, die Ungerechtigkeit anzusprechen, sich Zeit zu nehmen, einander zuzuhören und zu verstehen versuchen, was einem selbst und was dem anderen wehtut, was einem selbst und was dem anderen wichtig ist.

Hoffentlich hat Ihr Wochenende nicht mit Missstimmung begonnen. Dennoch – es macht Sinn, immer mal wieder in guten Zeiten darüber zu reden, was uns verletzt und was uns freut, wie wir streiten, wann wir im Streit eine Pause machen und den Raum verlassen sollten, um die Spirale der bösen Worte zu stoppen. Es macht Sinn, in versöhnten Zeiten darüber zu reden, wie wir streiten.

SAMSTAG

Ich habe keine Lust!

Es ist schon hell, die Sonne scheint in Michaels Zimmer. Aber in der Wohnung ist alles noch still. Michael wundert sich. Er geht ins Elternschlafzimmer, seine Mama liegt noch im Bett. Als er sie wecken will, sagt sie zu ihm: »Mach dir dein Frühstück selbst, Micha, ich habe heute keine Lust.« Michael geht in die Küche. Hm, ein Frühstück selbst machen? Das hat er noch gar nie gemacht. Er nimmt Milch aus dem Kühlschrank, gießt sie in seine Tasse. Aber sie ist zu kalt zum Trinken, er stellt die Tasse wieder ab. »Mama!«, ruft er. Schließlich kommt seine Mama müde angeschlappt, macht ihm die Milch warm, schneidet ihm ein Stück Kuchen vom Wochenende ab (Kuchen zum Frühstück? Das gibt es sonst nie!), legt ihm frische Sachen zum Anziehen hin, und bringt ihn in den Kindergarten.

Michael wird heute von der Mutter seines Kindergartenfreundes abgeholt. Als Michael nach Hause kommt, öffnet seine Mutter ihm die Türe. Sie hat ein Buch in der Hand, murmelt ein kurzes »Hallo« und geht wieder ins Wohnzimmer. Dort kuschelt sie sich auf die Couch und liest weiter. In der Wohnung riecht es gar nicht nach Essen. Michael geht in die Küche, aber da steht immer noch das Geschirr vom Frühstück herum. Der Herd ist kalt. »Mama, ich habe Hunger!«, ruft er. Seine Mutter sagt: »Ich habe keine Lust heute zu kochen! Nimm dir was aus dem Kühlschrank.« Michael versteht die Welt nicht mehr.

Frau Mai weckt morgens ihre vierjährige Tochter. »Ich mag nicht«, sagt Susanne. »Ich will heute nicht in den Kindergarten gehen. Ich stehe nicht auf.« Frau Mai versucht es mit liebevollem Zureden, irgendwann wird sie streng, droht Fernsehverbot an, dann wird sie richtig sauer. Aber Susanne dreht sich um und bleibt liegen.

Zum Mittagessen kommt Susanne aus dem Zimmer. Sie setzt sich im Schlafanzug an den Tisch, schaut auf ihr Essen. »Bäh, schon wieder so eine Suppe«, sagt sie, und spuckt ihr Essen aus, dann geht sie wieder in ihr Zimmer.

Später kommt Susanne doch wieder ins Wohnzimmer. Mittlerweile hat sie immerhin einen Pulli und eine Hose statt des Schlafanzugs an. Ihr kleiner Bruder Simon sitzt auf dem Teppich und spielt mit Duplo-Steinen. Susanne tritt gegen seinen Turm. Als er anfängt zu weinen, sagt sie: »Heul doch nicht, er war sowieso nicht schön, dein Turm.«

Susannes Mutter schimpft und fordert sie auf, Simon zu helfen, einen neuen Turm aufzubauen. Susanne stampft wütend mit dem Fuß auf den Boden und schreit: »Ich habe keine Lust! Immer soll ich machen, was DU willst! Lass mich einfach in Ruhe!« Dann rennt sie in ihr Zimmer und knallt die Türe zu.

Sprecht miteinander über diese Geschichten:

★ Was ist da passiert?

★ Kennt ihr Situationen, in denen jemand aus eurer Familie ähnlich reagiert hat und seine Aufgaben nicht mehr erfüllt hat? Situationen, in denen Regeln plötzlich nicht mehr eingehalten wurden und jemand »den Aufstand geprobt« hat? Wie habt ihr diese Situation gemeistert?

★ Was könnten die Personen in den beiden Geschichten jetzt machen? Wie könnten sie die Situation lösen?

SONNTAG

Familienkonferenz

Sich zum Beginn der neuen Woche zusammenzusetzen und darüber zu sprechen, wie es jedem in der vergangenen Woche in der Familie ergangen ist und was sie oder er verändern will, stärkt die Kommunikation untereinander und verdeutlicht, was uns gemeinsam wichtig ist. Die Familienkonferenz fängt wie in den beiden Geschichten die Themen auf, die sich in den Vordergrund drängen.

Familienkonferenz konkret: Anregungen zum Gespräch

★ Was war in der vergangenen Woche schön und was lief nicht so gut?
★ Welche Regeln sind in unserer Familie wichtig geworden und warum?
★ Was können wir in der nächsten Woche anders machen?
★ Warum ist es manchmal schwer, sich an gemeinsame Regeln zu halten?
★ Warum gibt es manchmal Streit?

Versammelt euch als Familie um ein großes Blatt Papier und schreibt alle in der Familie bestehenden Regeln auf. Nehmt diese Regeln kritisch unter die Lupe. Jeder darf erklären: Welche Regel(n) finde ich besonders gut und warum? Wenn ich einen Wunsch frei hätte, welche Regel würde ich gerne verändern und warum? Wie sollte sie besser lauten?

Vielleicht erfahrt ihr verschiedene Sichtweisen voneinander, die euch nicht bewusst waren. Regeln werden von jedem anders gedeutet und empfunden – allein darüber lohnt es sich zu sprechen, denn dies kann Missverständnisse auflösen.

Kälte und Wärme

FREITAG

Ein Winterwochenende steht vor der Tür. Mögen Sie den Winter, die Kälte, das Knirschen des Schnees, wenn Sie darauf gehen, die Stille, wenn es schneit? Oder auch den Wechsel der Kälte draußen und der Wärme drinnen, wenn man in einen Raum kommt? Wie die Brillengläser beschlagen, wie die Haut prickelt, wenn wir von der Kälte in die Wärme kommen?

»Kälte und Wärme« können wir auch bildlich verstehen. Vielleicht war die letzte Woche eine »kalte« Woche und das Nachhausekommen ist ein »in die Wärme kommen«. Vielleicht ist es auch umgekehrt, und das Zuhause ist nicht der warme vertraute Ort, das macht traurig.

Es ist interessant, wie wir in unserer Sprache mit dem Begriff »kalt sein« spielen: So können wir z. B. emotional kalt sein, nicht mehr berührbar sein, uns nicht mehr anrühren lassen von dem, was in uns selbst und um uns herum geschieht. Die österreichische Band S.T.S. (Steinbäcker-Timischl-Schiffkowitz) singt davon, dass wir selbst kälter werden (www.sts-page.com). Im Refrain heißt es – aus dem österreichischen Dialekt übersetzt: »Und ich werde kalt und immer kälter, ich werde abgebrüht und älter. Aber das will ich nicht, ich möchte lachen und tanzen und singen und weinen, ich möchte Angst spüren können und Schmerzen –, und die Liebe möchte ich bis in die Zehenspitzen spüren.«

Nehmen Sie diese Zeilen für dieses Wochenende als Anregung, einmal darüber nachzudenken, wie Sie sich entwickelt haben, vielleicht stimmt es ja: »Und ich werde kalt und immer kälter, ich werde abgebrüht und älter. « Aber das will ich nicht … Wieder lachen und tanzen, singen und weinen …– ein Mensch sein, liebevoll sein, berührbar bleiben, mir selbst und anderen gegenüber, die mir lieb sind, »und die Liebe bis in die Zehenspitzen spüren«. Das Wochenende könnte eine Chance sein, eine Einladung darüber nachzudenken.

SAMSTAG

Kälte und Wärme genießen

Hurra, es schneit! Der weiße Schnee deckt die Landschaft zu, alles wirkt plötzlich ganz sauber und weich. Jetzt macht es Spaß, sich dick einzupacken und sich dem weißen, weichen Flockenwirbel hinzugeben. Wenn schon ein wenig Schnee liegt, ist eine Schneeballschlacht eine lustige Sache, da kann sich die ganze Familie mal richtig austoben!

Oder ihr baut auf einer Wiese gemeinsam einen Schneemann. Es gibt große und kleine Schneemänner, es gibt auch Schneefrauen und Schneekinder, Schneehunde und andere Schneetiere, eurer Fantasie sind keine Grenzen gesetzt.

An manchen Tagen ist es aber einfach nur sehr kalt, und es liegt kein Schnee, es schneit noch nicht einmal. Habt ihr schon einmal genau hingeschaut und die feinen Eiskristalle betrachtet, die sich an den Ästen von Bäumen und Sträuchern bilden? Wenn die Sonne scheint, glitzert und glänzt es zwischen den kahlen Zweigen wie in der Schatzkiste eines Königspalastes!

Es lohnt sich, eine Lupe mitzunehmen und einen Spaziergang zu machen – wenn ihr genau hinschaut werdet ihr lauter kleine Glitzer-Wunder entdecken.

Nach einem solchen Spaziergang ist man ganz schön durchgefroren, dann tut es gut, eine Tasse Tee oder eine heiße Schokolade zu trinken und gemeinsam im warmen Zimmer etwas zu spielen.

»Kalt & Warm«

Ein Spieler muss einen Gegenstand im Zimmer suchen, der vorher versteckt wurde. Die Mitspieler (die wissen, wo sich der versteckte Gegenstand befindet) geben dem Suchenden Hilfestellung, indem sie »wärmer« sagen, wenn sich dieser dem Gegenstand nähert und »kälter«, wenn er sich wieder davon entfernt. Hat der Spieler schließlich den Gegenstand gefunden, rufen alle: »Heiß!«

SONNTAG

Licht werden

Wärmendes Licht leuchtet in orange und rot – ein Symbol für das Leben. Ohne die wärmende Sonne können wir uns Leben nicht vorstellen. Unsere gesamte Erde würde zu Eis erstarren und es würde kein Leben mehr geben. Viele Kirchen, z. B. die Kirche der Brüder von Taizé in Frankreich, sind in warmen Farben gestaltet, damit in ihnen die Menschen Leben und Liebe spüren können.

»Mache dich auf, werde Licht; denn dein Licht kommt, und die Herrlichkeit des Herrn geht auf über dir«, heißt es beim Propheten Jesaja. Das bedeutet: Wenn man sich aufmacht und zum Licht wird, wird das eigene Leben immer heller.

Hell gegen Dunkel. Das Patchwork Bild von Beate Biesinger drückt dies besser aus als viele Worte.

Sprecht darüber:

★ Überlegt in der Familie, was es bedeuten kann, Licht zu werden – und wem ihr gerne Licht schenken möchtet.

Februar

Der Februar ist der kürzeste Monat des Jahres, alle vier Jahre hat dieser Monat einen Tag mehr. Ein besonderer Monat also, der dazu noch ein für viele Menschen besonderes Ereignis bringt: Fasching, Fastnacht bzw. Karneval. Mit dem Fasching hängen aber auch der Aschermittwoch und die Fastenzeit zusammen, die Vorbereitung auf Ostern.

Welche Aktivitäten, Ideen und Basteltipps euch in diesem Monat erwarten, seht ihr hier:

- ★ Mein Kind ist fromm! – Wie ist Gott in unserer Familie da?
- ★ Prinzessin und Räuber – Einmal in eine andere Rolle schlüpfen
- ★ Asche auf mein Haupt – Ist jetzt der Spaß vorbei?
- ★ Fasten – Was heißt Fasten für uns?

5. Wochenende:

Mein Kind ist fromm!

FREITAG

Es gibt Momente im Leben, in denen tauchen Fragen auf, mit denen wir nicht rechnen: Was ist mir wichtig? Was ist mir wertvoll? Was ist für mich von Bedeutung? Diese Fragen suchen wir uns nicht aus, sie brechen über uns herein und fordern uns heraus, sie sind oftmals nur schwer zu beantworten. »Religion« heißt vom Wort her: Bindung, Rückbindung. Religion, also mich gebunden wissen, heißt nicht, auf alle Fragen eine Antwort zu haben, es heißt nicht, alles erklären zu können. Religion zielt auf Bindung, auf die Fähigkeit des Menschen, sich zu binden und gebunden zu sein. Menschen können sich an Materielles binden, an Geld und Besitz. Menschen können sich mit anderen Menschen verbinden und gewiss sein, dass sie geborgen und getragen sind, auch wenn geliebte Menschen äußerlich gar nicht da sind. Bindung – so sagt die moderne Psychologie – ist ein Hauptnahrungsmittel für den Menschen. Diese Fähigkeit zur Bindung können Menschen auch über sich selbst hinaus entwickeln und leben – im Sinne einer religiösen Bindung. Diese religiöse Bindung, diese »Rückbindung«, wie Religion meist übersetzt wird, kann sich auf »Gott« richten, auf »Göttliches«, das auf unterschiedliche Art ausgedrückt werden kann.

Vielleicht kennen Sie auch die Situation, dass das, was Ihnen wertvoll ist, für Ihre nächsten Angehörigen, für Ihre eigenen Kinder anders ist. Teilweise leiden Eltern darunter, dass ihnen selbst Religion und Glaube sehr wichtig sind, ihre Kinder aber nichts davon wissen wollen. Teilweise aber sind Eltern auch damit konfrontiert, dass ein Kind großes Interesse an Glaube und Religion hat, obwohl sie diesen religiösen Fragen distanziert oder ablehnend gegenüberstehen. Vermutlich ist es unumgänglich auszuhalten, dass Menschen, die uns nahe stehen eigene Interessen haben, eigene Wege gehen.

Also: Was ist Ihnen wichtig? Was würden Sie gerne weitergeben?

SAMSTAG

Peggy und der liebe Gott

Peggy ist acht Jahre alt, als sie mit ihrer Mutter nach München zieht. Sie kommt aus Leipzig, und ihr Vater lebt noch immer dort. Die Eltern haben sich getrennt. Weil Peggys Mutter in Leipzig keine Chance auf eine neue Arbeitsstelle sah, hatte sie sich in München beworben und die Stelle bekommen. Die Wohnung der beiden ist viel kleiner als das große Haus, das sie in Leipzig bewohnten. Peggy sitzt in ihrem Zimmer und schaut sich um – da fehlt noch einiges, aber das Geld ist im Moment knapp. Ihre Mutter tröstet sie: »Wirst schon sehen, jeden Monat ein bisschen was, und bis Weihnachten ist es hier ganz gemütlich!«

Aber da ist noch was, und da kann die Mutter mit Geld nicht helfen: Morgen geht Peggy das erste Mal in ihre neue Schule. Da kennt sie niemanden. Ob die Kinder nett sein werden?

Peggy ist gespannt und aufgeregt, als sie die Klasse betritt. Neben einem Mädchen mit langen blonden Haaren ist noch ein Platz frei. Sie heißt Katharina und ist ziemlich nett. Katharina zeigt Peggy das Schulhaus, die Bibliothek, den Kiosk, und alles andere, was man eben so wissen muss in einer neuen Schule. Die beiden verstehen sich ganz gut. Nach etwa einer Woche fragt Katharina Peggy: »Hast du Lust, mit in die Gruppe zu kommen?« Die Gruppe? Was ist das? Peggy überlegt und dann fällt ihr ein, dass die Mutter sie aufgefordert hat, sie solle neugierig und offen sein für all das Neue in München. Dann sagt sie: »Klar, ich komme mit!«

Die Gruppe besteht aus etwa acht Kindern in Katharinas und Peggys Alter und findet immer mittwochs im Gemeindehaus neben der Kirche statt. Es gibt zwei nette Gruppenleiterinnen, die sind noch ganz jung und echt gut drauf. Sie haben immer schöne Ideen auf Lager: Spiele im Freien und drinnen, Rätsel und Geschichten zum Nachdenken und miteinander Sprechen, etwas zum Basteln und Werken, und einmal sogar ein Bibelquiz in Form einer Schatzsuche. Heute geht es darum, gemeinsam einen Gottesdienst vorzubereiten. Peggy macht es Spaß, sich Texte auszudenken, die mit Gott zu tun haben. Sie hat ja in den letzten Wochen in den Gruppenstunden immer wieder von Gott gehört, und irgendwie fasziniert dieser Gott Peggy sehr. In Leipzig hatte keiner ihrer Freunde von Gott gesprochen. Ob er wohl in Leipzig auch bei den Men-

schen ist, der liebe Gott? Warum hat sie ihn erst in München kennengelernt, diesen geheimnisvollen guten Gott, der immer für die Menschen da ist?

Als Peggy nach Hause kommt, bringt sie ihrer Mutter die Einladung zum Gottesdienst mit. Die weiß im ersten Moment gar nicht, was sie sagen soll: »Peggy, ich weiß nicht, wir sind doch nicht mal getauft, … und überhaupt …«, setzt sie an. Doch Peggy unterbricht sie: »Das macht gar nichts. Gott liebt alle Menschen, und ich glaube, ihm ist es egal, ob wir getauft sind oder nicht! Weißt du, Mama, wir gehen in die Kirche und du schaust dir das mal an. Wir singen schöne Lieder und lesen Texte. Das kannst du dir alles anhören. Es wird dir gefallen. Schließlich hast du gesagt, man muss immer neugierig und offen sein für Neues!« Die Mutter willigt ein: »Ja, okay, du hast recht. Ich komme mal mit und schau mir das alles an.«

Überlegt gemeinsam:

★ Wie könnte diese Geschichte weitergehen?

★ Gibt es auch bei euch in der Familie Situationen, in denen Gott das zentrale Gesprächsthema ist? Situationen, in denen ihr euch gegenseitig durch Gott und den Glauben auf neue Wege bringt?

★ Kennt ihr Menschen, die in einer ähnlichen Situation waren oder sind wie Peggy und ihre Mutter – und mitten im Leben mit Gott und dem christlichen Glauben Bekanntschaft machten? Menschen, die sich vielleicht auch als Erwachsene noch taufen ließen?

SONNTAG

Kinder als Propheten

»Hilfe, mein Kind ist fromm«, ist der Titel eines WDR-Fernsehfilmes. Regie führt eine Mutter, die durch die zweifelnden, religiösen Fragen ihrer Tochter in ihrer eigenen Beziehung zu Gott neu »aufgemischt« wird.

Schon in den ersten Jahren stellen Kinder ihren Eltern große und oft sehr berührende und existenzielle Fragen nach dem »Woher?« und »Wohin?« des Lebens. »Warum kommt man auf die Welt, wenn man sowieso wieder sterben muss?«, »Wie sieht der liebe Gott aus?«, »Wo war ich eigentlich, als ich noch nicht da war?«, »Wo sind die Menschen jetzt, die gestorben sind?«

So manche Eltern werden nachdenklich, wenn sie ihren Kindern diese Fragen nicht oder nicht so leicht beantworten können. Kinder sind wie Propheten einer spirituellen Welt, die Erwachsenen oft schon nicht mehr so leicht zugänglich ist. Mit ihren Kindern haben sie Gott wieder neu gefunden, erzählen viele Eltern.

»Wenn ihr nicht so werdet wie diese Kinder, dann habt ihr von Gott nichts begriffen«, heißt es im Markus-Evangelium, das nicht ohne Grund »Kinder-Evangelium« genannt wird. Der Text ruft uns dazu auf, selbst an den Kindern Maß zu nehmen, sie als Botschafter Gottes zu würdigen und zu beobachten. Sie sind Trägerinnen und Träger der Gottesverheißung und damit Boten Gottes. Sie bringen uns Erwachsenen die Botschaft, dass die Liebesgeschichte Gottes mit der Menschheit weitergeht.

Gott kommuniziert mit uns Menschen, wenn Kinder – mit ihren großen Augen, noch größeren Fragen, mit ihrem unbändigen Drang zu Kommunikation und Wachstum – in unser Leben treten und uns inspirieren, Gott neu zu suchen. Kinder können wie Propheten sein.

Gott berührt uns in Kindern als Schöpfer der Welt. Familien sind immer auch Gottes Berührung. Gott ist in Familien immer schon da, weil er selbst es ist, der Menschen erschafft und sie einander anvertraut.

6. Wochenende:
Prinzessin und Räuber

FREITAG

Für manche Menschen sind es die intensivsten Tage im Jahr – die Fastnachts-, die Karnevals-Tage. Manchen Menschen sind sie lästig, diese ausgelassenen Zeiten, in denen Regeln teilweise verändert, teilweise außer Kraft gesetzt sind. Dennoch, es hat etwas: sich verwandeln, sich verändern dürfen – für ein paar Stunden, für ein paar Tage im Jahr. Wieder einmal Prinzessin sein oder Pippi Langstrumpf, Räuber oder Cowboy oder Pirat.

Vermutlich lässt Ihr Alltag das nicht zu – sich verändern, einfach so. Und vermutlich lehrt Ihr Alltag Sie auch, dass Sie keine Prinzessin sind, kein Pirat sein dürfen, auch wenn Sie es vielleicht manchmal gerne wären. Fasching erlaubt einen Rollenwechsel, den wir uns im Alltag, in Familienarbeit und Beruf nicht erlauben dürfen. Im Fasching ist es »erlaubt«, manchmal wenigstens in Gedanken: Wer wäre ich denn gerne? Wie würde ich mich verkleiden? In welche Rolle würde ich gerne schlüpfen? Ich muss ja nicht gleich ausmalen, was vielleicht meine Mutter oder meine Schwiegermutter, mein Vorgesetzter oder mein Team zu meiner Verkleidung sagen würden.

Einmal im Jahr probehalber in ein anderes Gewand, in eine andere Rolle schlüpfen: als Kartoffelsack – ein relativ einfach zu erstellendes Gewand –, als Senftube, ein Hut aus Pappe in entsprechender Form und die dazu gehörende Farbe sind sicherlich schnell gefunden, als Pierrot, als lachender und weinender Clown zugleich, oder wie auch immer. Vielleicht wäre es einen Versuch wert, wenigstens in Gedanken …

SAMSTAG

Fasching in unserer Familie

Es gibt unterschiedliche Bezeichnungen für diese lustig-bunte Zeit: Fasching, Fastnacht oder Karneval. Die Begriffe sind alle schon sehr alt, und haben ihren Ursprung in heidnischen Bräuchen. Von der Kirche wurde ein Bezug zur Fastenzeit vor Ostern hergestellt. Das Wort Karneval kommt aus dem Lateinischen *carne vale* und bedeutet so viel wie »Fleisch leb wohl«. In der Fastenzeit sollen die katholischen Christen Verzicht üben, um sich wieder stärker Gott und ihrem Glauben zuzuwenden. Deshalb verzichten sie z. B. auf den Genuss von Fleisch. Und vor der Fastenzeit wird noch einmal richtig gefeiert, es wird viel gegessen, getrunken und die Menschen verkleiden sich.

Höhepunkt des Faschings ist die Zeit um das Fastnachtswochenende, zwischen dem »unsinnigen«, »schmutzigen« oder »schweren« Donnerstag und dem Faschingsdienstag. Es gibt Menschen, die den Fasching als »fünfte Jahreszeit« bezeichnen und für die das ausgelassene Treiben ein wichtiger Bestandteil des Jahresfestkreises ist. Andere finden es nicht so interessant und verkleiden sich nicht gern.

Überlegt gemeinsam:

★ Welche Bedeutung hat Fasching in unserer Familie?
★ Verkleidet sich jemand gerne? Was sind die liebsten Verkleidungen in unserer Familie?
★ Wie feiern wir Fasching?

Faschingsball

Kinder, Kinder, kommt herein,
heut' soll Fasching bei uns sein!
Wir woll'n freche Lieder singen,
später auch das Tanzbein schwingen,
essen, trinken und viel lachen
und andauernd Unsinn machen!
Heut' ist alles das erlaubt,
und wenn einer das nicht glaubt,
soll er einfach zu uns kommen,
bei uns bleiben,
und das lustig-bunte Treiben
aus der Nähe mitbekommen.
Da kommt sie schon zur Tür herein:
die alte Hexe Kniesebein,
sie fliegt auf ihrem Besen rein
und will heut die Erste sein.
Dabei hat sie 'ne lila Maus
die piepst und quietscht
und ach, oh Graus,
sie spuckt Konfetti aus!
Der Cowboy aus dem Wilden Westen
kommt auf dem Steckenpferd daher
er gibt ein Cowboylied zum Besten,
singen fällt ihm gar nicht schwer.
Prinzessin Lena tanzt jetzt durch die
Tür,
ihr Tüllkleid glitzert gar so sehr!
Der Cowboy vergisst sein Lied sogleich
und wird vor lauter Liebe bleich ...

Ein Clown, ein Indianer und ein
Krokodil,
direkt aus Afrika, vom Nil
kommen in den Saal,
und es beginnt der Faschingsball!
Es gibt rosa Schokoküsse,
Chips, Popcorn und Erdnüsse,
Limo, Saft und Gänsewein,
und viele and're Leckerei'n.
Alle tanzen, toben, singen,
wollen nun ihr Tanzbein schwingen,
die Polonaise geht schon los,
der Raum ist eng, die Freude groß!
Luftschlangen fliegen durch den Saal,
die Luft wird knapp, na ja, egal!
Der Ball neigt sich seinem Ende zu,
ein Abschlusstanz,
dann kehrt langsam wieder Ruh'
in den Faschingszirkus ein,
die bunte Gesellschaft geht nun heim.
Und alle werden morgen erzählen
von dem tollen Fest,
»Was für ein Ball,
wir freuen uns,
wenn die nächste Party ist!«

BARBARA BERGER

SONNTAG

Verkleiden an Fasching

Wer möchte nicht mal gerne Cowboy oder Prinzessin sein, Kapitän auf einem Schiff oder Fee? Sich für einige Stunden oder Tage eine Maske überziehen, in ein Kostüm schlüpfen und als jemand anders losziehen – all das ist an Fasching möglich. Gerade in dieser Zeit können wir einen Teil unserer Persönlichkeit ausleben, die wir vielleicht auch gerne sein möchten. Verkleiden bedeutet also auch, anders sein zu wollen als wir im Alltag sind oder sein müssen.

Dass sich vor allem in katholischen Gegenden Fastnachtsbräuche über Jahrhunderte hinweg so ausgebreitet haben, hat sicherlich auch mit dem strengen Weg der Fastenzeit zu tun. Bevor die Fastenzeit als Vorbereitungszeit auf das Osterfest kommt, toben sich die Leute noch einmal so richtig aus. Schon der Wortstamm macht den Zusammenhang sichtbar: Fastnacht und Fastenzeit.

In vielen Kirchen gibt es an den Faschingstagen auch Gottesdienste, in denen das Evangelium in einer Faschingspredigt manchmal überraschend und treffsicher provokativ ausgelegt wird.

Lieber Gott,
in diesen Tagen feiern wir Fasching und es macht mir große Freude.
Beschütze die Kinder dabei und hilf uns, auch die Kinder, die gerade
traurig sind, zu unserem Faschingsspiel einzuladen.
Amen.

7. Wochenende (Fastenzeit):
Asche auf mein Haupt

FREITAG

»Memento mori« heißt die alte Tradition des sich Erinnerns, dass wir sterblich sind. »Sei eingedenk, dass du sterben musst, dass du sterben wirst«, so lauten meist die Übersetzungen dieses spätlateinischen Spruchs.

Einmal im Jahr sich an diese Sterblichkeit zu erinnern, kann heilsam sein. »Memento mori« – nur für einen Moment: Was wäre wichtig für mich? Was würde ich verändern? Wenigstens probehalber in Gedanken. Dieser Gedanke kann helfen, Prioritäten zu setzen: Natürlich weiß ich um die dringende Hausarbeit, die ich erledigen sollte, aber ich finde plötzlich die Freiheit, auch einen Spaziergang mit meinem Partner oder einer Freundin zu machen, weil ich mich freue, dass wir uns gefunden haben. »Memento mori« macht keinen Druck und keinen Stress, wir wissen als Erwachsene sowieso, dass wir irgendwann sterben werden. »Memento mori« hilft uns, nicht zu vergessen, was zwischen so vielen Aufgaben und Ansprüchen und Erwartungen, die auf uns zukommen, für uns selbst wichtig ist. Und so kann ich für einen Moment mit diesem Gedanken ins Wochenende gehen: weil es mich erinnert, dass ich mich freue, einen mir lieben Menschen zu sehen, weil es mich erinnert, dass meine Kinder zwar manchmal anstrengend, aber zugleich meine »Schätze« sind.

Religiöse Geschichten ebenso wie Märchen erzählen von dieser Erfahrung, dass jemand in Gefahr war, sein Liebstes zu opfern, dass jemand im Trott des Alltags vergessen hat, was wichtig ist. »Memento mori« will verhindern, dass wir in all den Anforderungen, den Belastungen und den Stresssituationen vergessen, was unser Liebstes ist. Mögen Sie an diesem Wochenende ein bisschen Zeit haben für das, was Ihnen lieb ist.

SAMSTAG

Fastenzeit: Jetzt ist der Spaß vorbei?

Nach dem lustigen Treiben der Faschingszeit haben viele von uns den Eindruck, dass nun mit der Fastenzeit »alles vorbei« sei. Die Faschingskostüme werden wieder weggeräumt, das Feiern hat ein Ende. Aber für die Christen fängt eine wichtige Zeit jetzt erst an: die Fastenzeit als Vorbereitungszeit auf das Osterfest. Den Beginn der Fastenzeit bildet der Aschermittwoch. Die Fastenzeit dauert 40 Tage und endet zu Ostern.

Jesus hat 40 Tage in der Wüste gelebt und gefastet – in der Wüste ist es karg und es gibt nichts zu essen. Fasten heißt bewusst auf etwas, was wir normalerweise gern mögen, zu verzichten, also »Verzicht zu üben«. Traditionell verzichten gläubige Christen in der Fastenzeit auf Fleisch. Das ist für viele Erwachsene nicht immer ganz einfach. Auch für Mönche war und ist das Fasten nicht immer leicht. Aus diesem Grund haben sich einige Mönche des Klosters Maulbronn bereits im Mittelalter etwas ausgedacht: Sie versteckten Fleisch in Nudelteig. Sie waren wohl der Meinung, der liebe Gott würde dann nicht sehen, dass sie nicht nur Nudeln, sondern auch Fleisch aßen. Sie nannten das Gericht »Herrgotts-Bscheißerle«. Heute gibt es diese gefüllten Teigtaschen immer noch: die Maultaschen.

Maultaschen

Maultaschen schmecken nicht nur mit Fleischfüllung sehr gut, sondern auch mit einer Gemüsefüllung. Wenn ihr Lust habt, könnt ihr gemeinsam Maultaschen machen, es ist nicht schwer:

Für den Maultaschenteig 200 g Mehl mit etwas Salz und zwei Eiern zu einem festen, glatten Teig kneten.

Für die Füllung: zwei Kartoffeln kochen, schälen und mit der Gabel zerdrücken, eine Karotte und ein Stück Sellerie putzen, andünsten, dann ebenfalls mit der Gabel zerdrücken. Eine kleine Zwiebel und etwas Petersilie fein hacken. Etwa 100g TK-Blattspinat noch gefroren grob hacken.

Alle Zutaten in eine Schüssel geben und mischen, dazu kommt noch: ein Ei, ca. 1 TL Salz, etwas Pfeffer, etwas Muskat, eventuell noch etwas Gewürzsalz. Die Füllung sollte nicht zu dünn sein, bei Bedarf kann man sie mit Semmelbröseln andicken.

Der Maultaschenteig wird ausgerollt und in zwei etwa gleich große Teile geteilt. Auf eine Hälfte des Teiges wird die Füllung mit einem Teelöffel in kleinen Häufchen aufgesetzt. Dann wird die zweite Teighälfte darüber gelegt, die einzelnen Teigtaschen werden mit einem Teigrädchen getrennt. Die Ränder mit der Gabel gut festdrücken, damit die Füllung beim Kochen nicht herausläuft.

In einem Topf Wasser zum Kochen bringen, etwas Gemüsebrühpulver dazugeben, dann die Maultaschen vorsichtig hineinlegen, sie sollen etwa 10 Minuten (mit Deckel auf dem Topf) leicht köcheln.

Serviert werden die Maultaschen in Gemüsebrühe, mit etwas Schnittlauch garniert.

Guten Appetit und viel Spaß bei der Zubereitung!

SONNTAG

Das Aschenkreuz

In der katholischen Kirche gibt es am Beginn der Fastenzeit einen alten Brauch: Am Aschermittwoch wird den Gläubigen im Gottesdienst mit Asche ein Kreuz auf den Kopf gezeichnet. Dies soll daran erinnern, dass wir eines Tages sterben werden und unser Körper wieder zu Staub wird.

Beim Austeilen des Aschenkreuzes beten wir: »Bedenke, Mensch, dass du Staub bist und wieder zum Staub zurückkehren wirst« (vgl. Genesis 3,19).

Mit dem Aschermittwoch beginnt die Fastenzeit. Die Idee der Fastenzeit ist, sich innerlich und äußerlich auf Ostern als das Fest der Auferstehung vorzubereiten. Wir machen uns mit Jesus in seinem Leiden und in seinem Kreuz auf den Weg.

Ein Lied zum Nachdenken
»Wir sind nur Gast auf Erden und wandern ohne Ruh,
mit mancherlei Beschwerden der ewigen Heimat zu.«

8. Wochenende (Fastenzeit): Fasten

FREITAG

Wenn Menschen sagen, dass sie fasten, tun sie das häufig zur Gewichtsreduktion für ihre Figur, manchmal für die Gesundheit. In Befreiungsbewegungen schöpfen Menschen immer wieder Kraft für die Freiheit aus der reinigenden Kraft des Fastens. Mahatma Gandhi hat dies eindrücklich vorgelebt. Fasten meint freiwilligen Verzicht für einen höheren Zweck. Ich kann auf Nahrung verzichten, weil mir meine Figur sehr am Herzen liegt. Ich kann den Konsum von Alkohol reduzieren, weil mir meine Gesundheit wichtig ist. Ich kann freie Zeit reduzieren und Überstunden machen, weil das für das berufliche Fortkommen sinnvoll ist. Manche Menschen verzichten auf Kinder, weil der Partner oder die Partnerin keine Kinder bekommen kann, manche Menschen verzichten auf berufliche Erfahrungen, weil sie der familiären Betreuung von Kindern oder von alt gewordenen Angehörigen den Vorzug geben.

Manche Menschen aber haben keine Wahl, sie müssen »verzichten«, ob sie wollen oder nicht. Sie müssen auf Konsumgüter verzichten, weil das Geld fehlt, sie müssen auf Familie verzichten, weil sich kein geeigneter Partner findet.

Fasten erinnert uns an die Fähigkeit, loslassen und eigene Bedürfnisse zurückstellen zu können – wofür auch immer. Interessant ist, dass alle religiösen Traditionen dieser Welt Zeiten des Fastens kennen, dass sie Hilfen für das Fasten geben, dass sie die Menschen darin unterstützen, vieles im Außen zu reduzieren, damit das Innen Platz hat – das Besondere. Am Wochenende können wir dies auch einüben: Nicht so viel im Außen tun müssen, damit etwas Zeit für unser Inneres bleibt, für Gedanken und Gefühle, die im schnellen Alltag keinen Platz finden, die zugeschüttet sind. Aktivitäten »fasten«, um frei zu werden für unsere Gedanken, Gefühle, für manches in uns, das sonst kaum sichtbar wird.

45

Fasten – okay, aber was heißt das?

Rätsel als Gedankenanstoß

Fasten heißt für die meisten Menschen, auf Essen zu verzichten. Aber man kann auch auf andere Dinge verzichten. In diesem Rätsel sind zehn Begriffe verborgen, die auf unterschiedliche Möglichkeiten des Verzichts hinweisen:

A	D	H	J	L	Ö	A	N	B	M	U	S	W	Q
L	G	K	L	N	A	A	R	Ü	G	X	W	N	M
K	R	U	X	N	U	T	E	L	L	A	R	H	H
O	D	G	Ä	X	T	R	Z	U	N	M	K	S	P
H	U	S	C	H	O	K	O	L	A	D	E	U	R
O	S	F	H	N	F	T	U	S	V	C	K	I	A
L	I	M	O	N	A	D	E	H	J	F	S	R	L
F	G	S	L	K	H	B	C	R	E	L	E	A	I
D	F	H	Ö	N	R	D	F	Y	R	E	X	H	N
C	O	M	P	U	T	E	R	S	P	I	E	L	E
P	T	L	N	M	E	D	E	Y	U	S	I	F	N
G	K	M	V	B	N	C	R	H	O	C	A	G	H
R	K	C	O	F	E	R	N	S	E	H	E	N	T
R	J	T	G	L	Ö	A	E	Q	R	W	T	X	S

★ Übt ihr in eurer Familie während der Fastenzeit bewusst Verzicht?

★ Worauf könnt ihr während der Fastenzeit verzichten?

★ Was könnte sich für euch als Familie, für euer Zusammenleben durch das Fasten verändern?

Einmal in der Woche nur Reis

Eine Familie hat in der Fastenzeit ein besonderes »Experiment« gemacht: Die Eltern und ihre vier Kinder haben in der Fastenzeit als Mittagessen nur trockenen Reis mit einer darin gekochten Zwiebel gegessen. Das Geld, das durch diese einfache Mahlzeit eingespart wurde, gaben sie jeden Freitag in ihre Peru-Solidaritätskasse. Dieses Geld ging an arme Kinder, die damit einmal am Tag ein warmes Essen bekommen. Sie haben am Ende der Fastenzeit auch darüber gesprochen, wie es ihnen in dieser Zeit ergangen ist.

Diese Familie hat nicht die Armutsprobleme der Welt gelöst, für sie selbst aber war es eine Selbstbesinnung und auch eine beeindruckende Erfahrung auch mit wenig auskommen zu können. Und dass dies ein Weg sein kann, Solidarität zu leben.

Lösung

SONNTAG

Worauf verzichte ich?

In vielen Religionen, darunter auch im Judentum, im Christentum und im Islam, gehört Fasten zum religiösen Weg. Für uns Christen sind die sieben Wochen vor Ostern eine Zeit, um bewusst in uns zu gehen.

Fasten kann eine Chance sein, sich einmal selbst zu beobachten, zu entdecken und zu überraschen. Fällt es mir leicht auf etwas zu verzichten? Was könnte ich mir vornehmen? Auch für Kinder gibt es viele Möglichkeiten zu fasten, z. B. weniger Fernsehen und Internet, statt Süßigkeiten Obst essen, sich bewegen statt in der Stube hocken.

Überlegen Sie als Familie gemeinsam, worauf jeder persönlich verzichten möchte. Tauschen Sie sich in der Zeit des Fastens aus, was Ihnen schwer fällt. Mit einem bewussten Verzicht bekommt die Fastenzeit auch heute einen stimmigen Sinn.

Die Fastenzeit kann auch Anlass sein, über unseren Lebensstil nachzudenken.

★ Wie leben wir im Alltag?
★ Was konsumieren wir?
★ Was ist notwendig für unser Leben, was ist Luxus?
★ Wie wichtig sind mir mein Handy, meine Markenklamotten, mein Fernseher und die tägliche Schokolade?
★ Geht mein Konsum vielleicht auch auf Kosten von anderen Menschen in anderen Ländern?
★ Was hat mein Fleischkonsum mit dem Klimawandel zu tun?

Wusstet ihr schon, dass …

▽ … man 124 kg Soja an Nutztiere verfüttern muss, um ein Kilo Fleisch zu bekommen?
▽ … zwei Quadratmeter Anbaufläche im Jahr ca. 4,5 kg Kartoffeln abwerfen, aber mit der gleichen Fläche nur Futtermittel für 37 g Fleisch erwirtschaftet werden können? 37 g sind das Gewicht einer 2-Euro-Münze.

März

Im März beginnt der Frühling, denn die Erde hat während ihrer Umrundung der Sonne ein Stück weit ihre Position verändert, sodass die Sonnenstrahlen ein wenig steiler auf die Erde treffen. Die ersten sonnigen Tage stehen vor der Tür und es wird wieder wärmer. Oftmals liegt auch der Beginn der Osterzeit in diesem Monat. Der Termin von Ostern ist abhängig vom ersten Frühlingsvollmond, deshalb »wandert« dieser besondere Feiertag durch die Frühlingsmonate März und April.

Welche Aktivitäten, Ideen und Basteltipps euch in diesem Monat erwarten, sehr ihr hier:

★ Frühlingserwachen – Wir gehen raus und suchen die ersten Frühlingsboten
★ Neues Leben säen – Wir legen uns ein Kressebeet an
★ Frühjahrsputz – Der Frühjahrsputz steht vor der Tür
★ Zum Palmsonntag – Vorbereitung auf Ostern
★ Zu Ostern – Das Neue bricht an

9. Wochenende (Fastenzeit):
Frühlingserwachen

FREITAG

Plötzlich an einem Morgen – höre ich die ersten Vögel wieder singen, schon zu Hause oder auf dem Weg zur Arbeit oder mit den Kindern. Und dann weiß ich, dass der Frühling wieder ins Land kommt und uns den Blick neu öffnet. Die ersten Boten des Frühlings erlauben uns – wieder – eine Unterbrechung im Trott des Alltags.

> Der Vogel hat gesungen.
> Die Glocke hat geläutet.
> Die Geranie
> auf der Fensterbank
> ist eben gestorben,
> aber Sie
> reden einfach weiter,
> Fräulein Schmitt.
> ALBERT CULLUM

Es ist ein herber Text, das »aber Sie reden einfach weiter« will uns aufrütteln. Mein Partner, meine Partnerin ist vielleicht müde und würde Trost brauchen – und ich rede einfach weiter. Mit einer Freundin im Gespräch – ich spüre die Stimmungsschwankungen und die Traurigkeit erst viel später, denn ich habe einfach weitergeredet … Manchmal nehmen wir wahr, was rund um uns geschieht, aber »wir reden einfach weiter«.

Vielleicht habe ich während der Woche bereits bemerkt, dass es am Morgen schon ein bisschen heller wird, dass ich erste Vögel singen hören kann. Vielleicht gibt mir das Wochenende auch ein paar Momente Luft, mich selbst und andere wahrzunehmen.

SAMSTAG

Eine Frühlings-Entdeckungsreise

Wenn das Wetter schön ist, lädt die Sonne ein nach draußen zu gehen, und die ersten wärmeren Tage des Jahres zu genießen. Vielleicht ist es für eine Radtour noch zu kühl, dann könnt ihr euch auf Entdeckungsreise begeben und die ersten Vorboten des Frühlings entdecken. Die Knospen an den Bäumen und Sträuchern werden schon dick, die ersten Palmkätzchen sind an warmen geschützten Plätzen schon zu finden. Vielleicht spitzt schon das erste Grün der Schneeglöckchen vorwitzig aus dem Boden?

Es gibt viel zu entdecken, wenn ihr die Augen offen haltet.

Frühlingsmemo

Ihr könnt eure Eindrücke in der Natur festhalten, indem ihr gemeinsam ein Frühlingsmemo gestaltet. Dafür fotografiert ihr die schönsten Natureindrücke mit der Digitalkamera, macht von jedem Foto zwei Ausdrucke im Format von Memo-Karten, also etwa 7 x 7 cm. Diese Fotos könnt ihr mit Karton verstärken oder mit Folie laminieren, damit sie beim Spielen nicht so schnell kaputtgehen.

Und dann kann das Spiel schon losgehen: Die Karten werden gemischt und verdeckt auf den Tisch gelegt, am besten immer mit der gleichen Anzahl Karten in den Reihen. Der erste Spieler deckt eine Karte auf, und versucht dann, die dazu passende zweite Karte zu finden, die er dann ebenfalls aufdeckt. Passen die beiden Karten zusammen, darf er das Paar behalten und kommt noch einmal dran. Passen die beiden Karten nicht zusammen, muss er sie wieder umdrehen und ins Spiel legen, und der nächste Spieler ist dran.

SONNTAG

Kleine Frühlingsboten

Schneeglöckchen sind bei uns im Garten die ersten neuen Blümchen nach dem Winter. Mit ihren kleinen, weißen Blütenkelchen sind sie im Schnee getarnt und oft nicht gleich zu sehen. So passen sie noch ganz in den Winter. Doch das frische Grün ihrer Stängel und Blätter ist ein erster Frühlingsgruß. Und wenn man ganz genau hinschaut, dann sieht man in der Mitte der Blüte grüne Spitzen. Es scheint fast so, als würden die Schneeglöckchen uns mit ihrem frischen Grün »zuzwinkern« und erinnern: »Der Frühling kommt!«

Solche Erinnerungs-Zeichen gibt es auch in der Bibel. In der Emmaus-Geschichte verlassen zwei Jünger Jerusalem. Sie glauben nicht, dass das Leben dort für sie gut weitergehen kann. Wahrscheinlich sind sie nur wenige Wochen zuvor mit Jesus nach Jerusalem gekommen und haben gehofft, dass Jesus dort, in der Hauptstadt, etwas tut, das ihnen und den anderen Menschen in Israel hilft. Aber stattdessen haben die Herrscher Jesus umgebracht. Jetzt laufen die beiden Jünger enttäuscht und vielleicht auch aus Angst vor denen, die Jesus gekreuzigt haben, aus Jerusalem weg. Ihr einziger Gedanke ist: Jesus ist tot! Doch dann begegnet den Jüngern ein fremder Mann, er geht mit ihnen und spricht mit ihnen über ihre Erlebnisse. Beim Abendessen nimmt dieser Mann das Brot und bricht es, so wie Jesus es getan hat. Dies ist für die Jünger das Zeichen: Sie erkennen in dem fremden Mann Jesus. Das Brotbrechen hat sie daran erinnert, dass Jesus auferstanden ist und weiterlebt.

Ähnlich wie die Schneeglöckchen, die uns daran erinnern, dass nach dem Winter der Frühling kommt, kann das Brechen des Brotes im Gottesdienst uns daran erinnern, dass Jesus lebt. In der Eucharistiefeier geschieht noch mehr: Im gebrochenen Brot, der gewandelten Hostie, ist Jesus unter uns anwesend.

★ Lest die Emmaus-Erzählung (Lukas 24,13–35) in der Bibel und überlegt: Was gefällt euch an der Geschichte? Was versteht ihr nicht? Erklärt euch die Geschichte gegenseitig oder überlegt, wen ihr dazu fragen könnt.
★ Habt ihr eigene Zeichen, die euch fröhlich stimmen?

10. Wochenende (Fastenzeit):
Neues Leben säen

FREITAG

Sie bahnt sich untrügerisch an, die klassische Frühjahrserkältung. Erste Kopfschmerzen machen sich bemerkbar, ein Kratzen im Hals, Gliederschmerzen. Dann kommt der Husten dazu. Wie sagt man so schön, mit Medikamenten dauert die Erkältung eine Woche, ohne sieben Tage.

Bei jedem Prozess gibt es Symptome, die den Beginn anzeigen, eine deutliche Verschlechterung oder eine Verbesserung. Nicht nur bei Erkrankungen, bei allen Veränderungsprozessen gibt es Symptome, die wir erkennen können – wenn wir sie denn verstehen.

Veränderungen am Arbeitsplatz, in der Atmosphäre des Teams und der Zusammenarbeit, im Umgang mit dem Chef oder mit einzelnen Kolleginnen und Kollegen, aber natürlich auch im privaten Umfeld, Veränderungen bei der eigenen Partnerin oder dem Partner, bei einem der Kinder … – es ist leichter, die Symptome eines grippalen Infektes zu erkennen als die Veränderungssymptome im eigenen Umfeld, wenn eines der Kinder immer stiller wird, wenn die Partnerin weniger erzählt, wenn ein Kollege sich zurückzieht.

Am schwierigsten ist es oft, diese schleichenden Veränderungen bei sich selbst wahrzunehmen. Bis einer der Freunde sagt: »Du lachst so wenig.« Oder »Früher hast du so herzhaft gelacht – das höre ich jetzt kaum mehr.« Oder »In letzter Zeit fällt dir immer zuerst das Negative auf.« Manchmal merken wir es selbst, wenn wir es wahrhaben wollen: Die eigene Stimmung ist oft schlecht, ohne dass der Grund genau zu fassen ist, ein zweites Glas Alkohol dient zur Entspannung, der Schlaf wird unruhiger. Manchmal ist es gut, das nicht nur als »Phase« abzutun, sondern – wie bei einem grippalen Infekt – die Symptome ernst zu nehmen, damit sie behandelt und gelöst werden können.

SAMSTAG

Unser Kressebeet

Der Frühling ist eine wunderbare Zeit: In der Natur kann man tagtäglich beobachten, wie das Leben neu erwacht. Das Gras wird wieder grün, die Bäume und Sträucher bekommen Knospen und aus der Erde sprießen die hellgrünen Spitzen von Blumen.

Für viele Menschen gibt es dann nur eins: Sie wollen hinaus in die Natur, wollen die frische Frühlingsluft tief einatmen und wer einen eigenen Garten oder einen großen Balkon hat, macht sich daran, etwas zu säen oder zu pflanzen, um sich bald an der bunten Pracht von Blumen zu erfreuen oder etwas später dann auch Köstlichkeiten aus dem eigenen Gemüsegarten zu essen, wie z. B. Radieschen, Karotten oder Bohnen.

Säen kann man aber nicht nur, wenn man einen Garten oder einen Balkon hat, auch auf dem Fensterbrett lassen sich Samen ziehen und ein Mini-Beet errichten. Sehr gut geeignet ist Gartenkresse, weil sie schnell wächst und sehr genügsam ist.

Unser Kresse-Beet

Ihr braucht eine Schale oder einen tiefen Teller, etwas Watte oder Küchentuch und Kresse-Samen. Legt die Watte oder das Küchentuch auf den Teller, befeuchtet es und streut dann die Kresse-Samen darauf. Wichtig ist, dass ihr euer kleines Kresse-Beet ans Fenster stellt, denn Pflanzen brauchen Licht. Achtet darauf, dass ihr die Samen regelmäßig befeuchtet, sie sollten aber nicht zu nass sein oder gar im Wasser »ertrinken«, weil sie dann nicht gut wachsen können. Besprühen mit Wasser ist am besten.

Nach etwa zwei Tagen könnt ihr die ersten hellgrünen Spitzen erkennen, nach 8 bis 10 Tagen könnt ihr die Kresse bereits ernten.

Ihr könnt eure selbstgezogene Kresse auf Butterbrote streuen oder die Kresse in einen frischen Salat mischen, das schmeckt sehr lecker.

SONNTAG

Säen und vertrauen

Wenn man Pflanzen sät, führt das zu ganz unterschiedlichen Ergebnissen: Aus einem kleinen Apfelkern kann ein großer Apfelbaum werden. Ein Avocado-Kern ist viel größer und trotzdem entwickelt sich daraus bei uns nur eine Zimmerpflanze. In seinen Herkunftsländern dagegen wächst ein 15 Meter hoher Baum.

Immer gleich ist, dass man beim Säen einiges vorbereiten muss. Die Erde im Beet muss gelockert oder Erde in einen Topf gefüllt werden. Vieles hat man selbst in der Hand, aber ein bisschen ist Säen auch »Glückssache«. Heute gibt es große Landwirtschaftsmaschinen, Kunstdünger, Bewässerungsanlagen, Schädlingsbekämpfung und viel Wissen zu den einzelnen Samen. Dadurch ist die Ernte besser planbar und von der Natur unabhängiger geworden.

Für die Menschen, die lebten als die Bibel geschrieben wurde, war die Aussaat mühevoll und die Hilfsmittel, die wir heute haben, gab es nicht. Der Einfluss von Natur und Klima war entscheidend für eine gute Ernte, deshalb waren die Menschen sehr froh, wenn sie auf Gott vertrauen konnten. In vielen Erzählungen und Gebeten der Bibel werden die verschiedenen Aspekte des Säens dargestellt. Der Psalm 65 ist ein Lobpreis auf Gott, der den Menschen beisteht:

> »Du sorgst für das Land und tränkst es; du überschüttest es mit Reichtum. Der Bach Gottes ist reichlich gefüllt, du schaffst ihnen Korn; so ordnest du alles. Du tränkst die Furchen, ebnest die Schollen, machst sie weich durch Regen, segnest ihre Gewächse. Du krönst das Jahr mit deiner Güte, deinen Spuren folgt Überfluss. In der Steppe prangen die Auen, die Höhen umgürten sich mit Jubel. Die Weiden schmücken sich mit Herden, die Täler hüllen sich in Korn. Sie jauchzen und singen.«
> PSALM 65,10–14

★ Habt ihr selbst schon einmal etwas gepflanzt?
★ Könnt ihr verstehen, dass die Menschen Gott dafür loben, dass er ihnen beisteht?

11. Wochenende (Fastenzeit):

Frühjahrsputz

FREITAG

Aufräumen, ausmisten, wegpacken, wegwerfen – es ist mal wieder Zeit, für den Frühjahrsputz! Der »Frühjahrsputz« gibt Gelegenheit, alles zu ordnen, Ablagen freizumachen und manch Altes wegzuwerfen. Wie wäre z. B. folgende Regelung: Was wir ein ganzes Jahr lang nicht gebraucht haben, brauchen wir gar nicht mehr – also können wir das verschenken, weggeben, manchmal auch wegwerfen.

Mit der Zeit verändert sich dieser gefühlte Zeitraum vielleicht auch, aus einem Jahr werden zwei Jahre, es könnte ja schließlich sein, dass wir es doch noch brauchen.

Das Aufräumen, das Weggeben verändert sich, die Anzahl an Gegenständen, die ich aufbewahre, wird größer. Kann ich etwas weggeben, wenn ich es zwei oder drei Jahre nicht mehr gebraucht habe? Was mache ich mit manchen Dingen, die in Kisten verpackt oder im Keller lagern?

In jungen Jahren brauchen wir meist weniger, um glücklich zu sein. Eine kleine Wohnung, das Auto mehr fahrbarer Untersatz als wirklich Auto, ohne Radio, die Speisen sind einfach, die Kleidung billig.

Es geht nicht darum, etwas in die Vergangenheit hinein zu idealisieren. Es ist auch wunderbar, guten Wein zu trinken, verschiedene Sorten Brot und Wurst und Käse zu genießen. Doch was macht mich heute wirklich glücklich? Was brauche ich, um an einem Abend, am Ende einer Woche sagen zu können: Heute war ich – irgendwie – glücklich?

Nehmen Sie sich am Wochenende etwas Zeit, um aufzuräumen, auch wenn es gar nicht so leicht ist, sich von Liebgewonnenem zu trennen. Genießen Sie all die Erinnerungen, die auftauchen, wenn Sie durch die Schränke, Kommoden und Regale räumen. Und denken Sie daran: Der »Frühjahrsputz« ordnet nicht nur Gegenstände, sondern auch Gedanken! Viel Spaß beim Räumen.

SAMSTAG

Wir misten mal das Kinderzimmer aus!

»Komm, wir misten mal das Kinderzimmer aus!«, dieser Satz verheißt nicht immer Gutes. Viele Kinder stehen diesem Vorhaben kritisch gegenüber, da sie sich von vielen ihrer geliebten Spielsachen einfach nicht trennen wollen oder können. Dann kommt es zwischen Eltern und Kindern zu Diskussionen, zu zähen Verhandlungen um jedes einzelne Stück oder auch zum Streit.

Für die Eltern ist das genauso anstrengend wie für die Kinder, weshalb manche Väter und Mütter das nicht mehr genutzte Spielzeug ohne Kinder aussortieren und sie dann vor vollendete Tatsachen stellen. Das mag zwar für den Moment als gute Lösung erscheinen, weil die Eltern sich in Ruhe dieser Aufgabe widmen können, und sich zunächst nicht mit dem kindlichen Widerstand auseinandersetzen müssen. Aber erstens bleibt dieser Widerstand häufig nicht aus, denn sobald die Kinder das »Werk« der Eltern entdecken, oder ein bestimmtes, nicht mehr vorhandenes Spielzeug suchen, kommt es zu Enttäuschung, Widerstand und Streit. Zweitens ist es sehr fragwürdig, wenn Eltern so über ihre Kinder hinweg entscheiden. Oder würden Sie, liebe Eltern, es wollen, dass jemand ohne Absprache mit Ihnen Ihren Kleiderschrank, Ihre Schuhe, Ihre Bücher oder anderes »ausmistet«?

Dieses Vorgehen entmündigt und schafft Misstrauen.

Wie aber können sich Eltern und Kinder gemeinsam dieser Aufgabe widmen?

Es ist wichtig, dass Kinder einen Sinn darin erkennen, sich von Spielsachen zu trennen. Kinder entwickeln sich schnell, und ihre Interessen verändern sich. So verändern sich auch die Bedürfnisse hinsichtlich der Spielsachen. Kindern sollte dieser Aspekt klar gemacht werden: Selbst wenn das Babyspielzeug und die Kleinkinder-Fahrzeuge noch schön sind, es spielt ja doch keiner mehr damit. Und dann ist es doch sinnvoller, sie weiterzugeben, damit andere Kinder damit spielen können, und überdies wird auch wieder Platz für Neues im Kinderzimmer. Kinder können viel lernen, wenn solche Überlegungen der Eltern mit ihnen geteilt werden, und sie als Partner in diese Aufgabe eingebunden werden.

Es gibt in jeder größeren Stadt gemeinnützige Einrichtungen, die Sach-spenden – etwa gut erhaltene Kinderkleidung und Spielsachen – gerne ent-gegennehmen und auf solche Spenden angewiesen sind, um damit Fami-lien zu unterstützen, denen es materiell nicht so gut geht.

Vielleicht hilft ja auch dies, wenn Kinder sich nicht so gut trennen kön-nen: Bei einer unserer »Touren« zu einer caritativen Einrichtung haben wir beim Entladen unseres Autos ein kleines Rutschauto unter den Spenden gesehen. Es hing ein Zettel daran mit einem Bild von einem kleinen Jun-gen, auf eben diesem Rutschauto sitzend, lachend und darunter stand, von Erwachsenenhand geschrieben: »Wir wünschen dem neuen Besitzer so viel Spaß mit diesem Auto, wie Max ihn immer hatte! Liebe Grüße!«

Da hat sich wohl auch jemand schwer trennen können und eine gute Möglichkeit gefunden, den Abschiedsschmerz zu lindern.

SONNTAG

Alles hat seine Zeit

»Das sollte ich schon längst erledigt haben, aber …« Immer wieder klappt es nicht, Dinge, die wir dringend tun sollten, anzupacken. Meistens haben wir auch Gründe, dass wir etwas vor uns her schieben. Aber das schlechte Gewissen nagt trotzdem an uns.

In der Bibel steht klipp und klar: »Jede Arbeit bringt Erfolg« (Sprüche 14,23) und: »Wer nicht arbeiten will, soll auch nicht essen« (2 Thessalonicher 3,10). Unsere Sprichwörter klingen ganz ähnlich: »Arbeit adelt« oder: »Der frühe Vogel fängt den Wurm!«. Unser Fazit: Arbeit lohnt sich und Müßiggang ist nicht angebracht. Dabei gibt es in der Bibel auch ganz andere Töne! So steht in den zehn Geboten: »Sechs Tage sollst du arbeiten und alle deine Werke tun. Aber am siebenten Tage ist der Sabbat des Herrn, deines Gottes. Da sollst du keine Arbeit tun (…)« (Exodus 20,9f.). Anders formuliert: Ihr arbeitet die ganze Woche genug, an einem Tag in der Woche sollt ihr ruhen. Es ist notwendig sich Ruhe zu gönnen und Zeit zu nehmen, in der man sich nicht ständig um die noch zu erledigenden Aufgaben sorgt. Denn beides ist wichtig: Arbeit und Ruhe.

Auch Jesus preist in der Bergpredigt die Vögel, die auf Gott vertrauen und sich nicht um ihr Leben sorgen: »Seht euch die Vögel des Himmels an: Sie säen nicht, sie ernten nicht und sammeln keine Vorräte in Scheunen; euer himmlischer Vater ernährt sie. (…) Wer von euch kann mit all seiner Sorge sein Leben auch nur um eine kleine Zeitspanne verlängern?« (Matthäus 6,26–29). Doch manchmal ist es einfach zu viel Arbeit. Da hilft es, mit einer realistischen Einschätzung von Zeit und Kraft zu schauen, was ist machbar und was nicht. Alles hat seine Zeit.

>»Alles hat seine Stunde. Für jedes Geschehen unter dem Himmel gibt es eine bestimmte Zeit: eine Zeit zum Gebären und eine Zeit zum Sterben, eine Zeit zum Pflanzen und eine Zeit zum Abernten der Pflanzen.«
>Kohelet 3,1–2

★ Welche Arbeiten oder Aufgaben schiebt ihr vor euch her und warum?
★ Wie könnt ihr einen »freien Tag« für alle in der Familie schaffen?

12. Wochenende:
Zum Palmsonntag

FREITAG

Die Ostertage beginnen mit dem Palmsonntag und den Kartagen, in manchen Regionen sind diese Tage mit Ferien- oder Urlaubstagen verknüpft. Eigentlich ist es ein interessantes Fest, das die christliche Tradition mit dem Palmsonntag den Menschen zumutet. So schnell wird man von allen bejubelt und steht im Rampenlicht – und so schnell kann man auch wieder fallen. Es geht schnell zwischen »ganz oben« und »ganz unten« sein. Im Spitzensport wird manchmal etwas davon sichtbar, wenn Sportler die Last zwischen Erfolg, Anspannung und Druck nicht mehr verarbeiten können.

Im Alltag sind wir meist nicht direkt zwischen »ganz oben« und »ganz unten« gefordert. Dennoch ist der Palmsonntag ein Hinweis darauf, den eigenen Weg zu gehen und sich nicht daran zu orientieren, was »die Leute« sagen oder denken, was sie uns einflüstern oder zuschreien – es kann sich so schnell ändern. Wenn wir in eine schwierige Situation geraten, ob im Beruf oder in der Familie – in solchen Situationen zeigt sich meist schnell, wer tatsächlich Freund oder Freundin ist, auf wen Verlass ist. Manchmal kann das ernüchternd sein, wenn ich in einer solchen Krisensituation merke, dass ich mir von jemandem Unterstützung erwartet hätte und enttäuscht werde. Umgekehrt ist es manchmal faszinierend zu erleben, wer plötzlich ganz unauffällig, sehr hilfreich, einfach da ist und begleitet.

Es ist nicht selbstverständlich, verlässliche Menschen an der Seite zu haben, deshalb ist es wichtig, den Kontakt zu pflegen. Ich denke an nahe Menschen, an Familienmitglieder und an Freunde, die mir lieb sind, und ich freue mich, dass auf sie Verlass ist, und ich nehme mir vor, am Wochenende einen oder zwei dieser Menschen anzurufen oder zu besuchen.

SAMSTAG

Wir bereiten uns vor

Wenn ich jemanden besuche, bringe ich eine kleine Aufmerksamkeit mit, z. B. Blumen. Wenn jemand zu Besuch kommt, bemühe ich mich, die Wohnung besonders ansprechend zu gestalten, ich räume auf, Blumen kommen auf den Tisch, alles soll angenehm für meinen Besuch sein.

Als Jesus in Jerusalem einziehen sollte, bemühten sich die Menschen, ihm den Weg angenehm zu gestalten, es sollte alles schön hergerichtet werden, Jesus sollte sich wohlfühlen. Die Leute legten Kleider und Decken auf die Straßen und schmückten den Weg mit Palmzweigen.

Am Palmsonntag wird in vielen katholischen Kirchengemeinden auch eine Palmsonntags-Prozession durchgeführt, und die Menschen halten Zweige in der Hand, die gesegnet werden, als Erinnerung an den Einzug Jesu in Jerusalem.

In den Tagen zuvor wird in vielen Familien oder Kirchengemeinden mit den Kindern gemeinsam ein sogenannter Palmbuschen gebunden. Diese Buschen sehen regional unterschiedlich aus, so sind sie in manchen Gegenden auf mehrere Meter lange Palmstangen gebunden, während sie in anderen Gegenden gar keinen Stock haben, sondern nur gebunden werden wie ein Blumenstrauß. Häufig werden die Palmbuschen auf etwa einen Meter lange Haselnuss-Stöcke gebunden.

Unser Palmbuschen

Ihr braucht je einige Zweige von:

* Palmkätzchen
  (Weidenkätzchen),
* Buchsbaum,
* Wacholder (Kranewitt),
* Stechpalme (Schredler),
* Eibe,
* Zeder,
* Sadebaum (Segen).

Diese Zweige werden zu einem gleichmäßigen Buschen gebunden. Dieser wird dann auf einen Haselnuss-Stock gebunden und kann mit bunten Hobelspänen, Bändern, Brezen und anderen festlichen Gaben geschmückt werden.

Die Kinder haben in der Regel sehr viel Freude daran, mit ihrem Palmbuschen in die Kirche zu gehen, die Segnung und die Prozession mitzuerleben. Erkundigt euch, wann in eurer Gemeinde die Palmsegnung ist und ob es eine Prozession gibt!

Der geweihte Palmbuschen wird traditionell am Gründonnerstagmorgen in den Boden gesteckt, vielerorts z. B. in den eigenen Garten. Viele Landwirte stecken den Palmbuschen auch auf ihr Feld, so soll der geweihte Palmbuschen Segen und eine reiche Ernte bringen.

PALMSONNTAG

König mit Dornenkrone

»Hosianna«, haben sie gerufen, haben ihm Palmzweige entgegengestreckt und ihm zugejubelt. Wie ein König ist Jesus in Jerusalem empfangen worden. Dabei ist er auf einem Esel geritten statt auf einem Pferd. Jesus hat sich nie als König verstanden, der mit Soldaten auftritt und für eine weltliche Macht steht.

Nach einigen Tagen hat sich deutlich gezeigt, dass er kein König im alltäglichen Verständnis ist. Jesus wird festgenommen, ihm wird der Prozess gemacht und zum Schluss wird er zum Tode verurteilt. Er muss am Kreuz sterben. Dies war die größte Strafe, zu der ein Mensch in der damaligen Zeit verurteilt werden konnte.

Auch im täglichen Leben passiert es immer wieder, dass Menschen hochgejubelt werden und die jubelnden Massen dann plötzlich denselben Menschen fallenlassen, wenn er nicht ihren Vorstellungen entspricht. So erfahren es Politiker, Fußballstars, Musik-Bands und auch Menschen in unserem Freundeskreis.

Jedoch lohnt sich ein zweiter Blick: Was für ein König ist Jesus? Er ist der König mit einer Dornenkrone und eben nicht mit einer Krone aus Gold und Diamanten. Er ist ein König, der Schmerz, Leid und Unglück am eigenen Leib erfährt.

Nicht was wir in einen Menschen hineininterpretieren stimmt. Manchmal ist es sinnvoll, genau hinzusehen und hinzuhören, um zu verstehen, was mit einem Menschen wirklich los ist und welche Botschaft er in sich trägt.

Zu Ostern

KARFREITAG

Der Karfreitag ist ein »dunkler« Tag, ein Tag der Trauer, der Klage. Der Begriff leitet sich von *kara*, althochdeutsch für Klage, Kummer, Wehklage, Sorge ab. Im englischen Wort *care* findet sich diese Wortwurzel bis heute. Vielleicht kennen auch Sie einen solchen Tag, einen Kar-Freitag, wenn ein lieber Mensch gestorben ist und Leid und Schmerz uns regelrecht überfluten. Vielleicht kennen Sie dann auch die Verzweiflung des Karsamstags, wenn das Drama des Leidens vorbei ist, wenn es nach dem Tod des lieben Menschens nach außen wieder ruhiger wird und der Alltag sich zu normalisieren scheint – und zugleich innerlich die Verzweiflung, das Alleinsein und die fehlenden Perspektiven spürbar werden. Doch nach all dieser dunklen Zeit können wir auch darauf hoffen, dass Veränderung – meistens – wieder möglich ist. Dieser Prozess wird uns verkürzt in den Tagen um Ostern verdeutlicht.

Es gibt eine alte Tradition: das »Osterlachen«. Menschen wussten immer, dass uns in »Kartagen«, in Tagen des Kummers und der Sorge – bis auf zynische Reaktionen – das Lachen meist verloren geht, und so wurde immer darauf geachtet, dass mit Ostern auch das Lachen zurückkommt. Konkret konnte das bedeuten, dass im Gottesdienst z. B. ein Witz erzählt wurde.

Die Kartage und Ostern vergegenwärtigen eine grundmenschliche Erfahrung: leidend und voll Schmerz sein, nach dem Abschied untröstbar und leer, ohne Hoffnung für eine bessere Zukunft, und dann kommt doch ein erster Blick zur Veränderung. Diese alte Tradition, der Rhythmus von Karwoche und Ostern, bündelt menschliche Erfahrung, nach Kartagen immer wieder zum Osterlachen zu finden und herzhaft lachen zu können.

KARSAMSTAG
Eierfärben

In vielen Familien werden am Karsamstag Ostereier gefärbt – damit sie am Osterfest möglichst frisch sind. Ihr könnt viele verschiedene Techniken anwenden, um Ostereier zu färben, eine davon ist das Färben mit Gräsern und Pflanzen.

Ihr braucht dazu: Eier, Nylonstrümpfe oder Nylonstrumpfhosen, Bindfaden, eine Schere, Zeitungs- oder Küchenpapier, frische Gräser oder Pflanzen mit einer schönen Struktur und Ostereierfarbe zum Färben im Farbbad. Alternativ zur künstlichen Farbe können die Eier auch in einem Sud aus Zwiebelschalen gefärbt werden – sie werden dann rötlich-bräunlich.

Zunächst werden die Eier gekocht. Lasst euch dabei von einem Erwachsenen helfen, damit keine Unfälle beim Hantieren mit dem kochenden Wasser passieren. Auf die gekochten, abgekühlten Eier legt ihr dann die Pflanze, zieht den Nylonstoff darüber und bindet das so entstandene Säckchen mit einem Faden zu. Der Stoff muss ganz stramm sitzen, damit er nicht verrutschen kann, aber Vorsicht: Wenn ihr den Stoff mit zu hoher Spannung auf die Eier bindet, gehen die Eierschalen kaputt!

Dann bereitet ihr nach Anleitung (ist auf der Verpackung der Farbe beschrieben) ein Eier-Farbbad vor, in das ihr die verpackten Eier legt. Als Tipp: Am schönsten werden kräftige Farben, weil sich die Musterung auf dem Ei dann am besten abhebt.

Nehmt die Eier nach einigen Minuten wieder aus dem Farbbad und legt sie zum Trocknen auf Küchen- oder Zeitungspapier. Dann schneidet vorsichtig den Nylonstoff mit der Pflanze ab, und ihr werdet sehen: wo die Pflanze am Ei war, ist keine oder kaum Farbe – ein wunderschönes Naturmuster ist auf dem Osterei entstanden.

Es gibt viele Spiele mit Ostereiern, die Kindern und Erwachsenen gleichermaßen Spaß machen. Hier findet ihr einige Vorschläge:

»Eierpecken« oder Eierkicken

Zwei Mitspieler haben je ein Osterei in der Hand. Nun werden die Eier mit der spitzen Seite aufeinander geschlagen. Sieger ist, wessen Ei »stärker« ist und deshalb heil geblieben ist. Es können auch mehrere Paare spielen – die Sieger jeder Paargruppe spielen dann so lange weiter, bis ein endgültiger Sieger festgestellt wurde.

Eierrollen

Jeder Mitspieler hat ein Osterei. Die Eier werden über eine Schräge gerollt; das kann ein leichter Hang im Freien sein, oder ein schräges Brett, oder ähnliches. Am Ende der Schräge stoßen die Eier meist zusammen. Wessen Ei heil bleibt, der hat gewonnen.

Eier-Boggia

Ein Osterei wird auf den Boden gelegt. Von einer markierten Linie aus (etwa 2–3 Meter vom Ei entfernt) versucht jeder mit drei Murmeln oder kleinen Bällen möglichst nah an das Osterei heranzurollen. Wessen Murmel oder Ball dem Ei am nächsten ist, der ist Sieger und bekommt das Osterei.

Man kann auch versuchen, mit Ostereiern durch vorsichtiges Rollen möglichst nah an das »Ziel-Ei« heranzukommen. Dabei müssen die Spieler aber mit sehr viel Gefühl ihre Eier rollen lassen.

Viel Spaß beim Spielen!

SONNTAG

Es werde Licht!

Ostern ist das wichtigste Fest im Christentum. Wir feiern, dass Jesus Christus, das Licht der Welt, den Tod besiegt hat. Damit hat er den Menschen die Hoffnung gegeben, dass mit dem Tod noch nicht alles zu Ende ist.

Wenn Menschen sterben, sind Freunde und Verwandte oft ratlos und verzweifelt. Sie können nichts mehr tun. Doch sie können die Sterbenden Gott anvertrauen.

Auch Jesus war verzweifelt, bevor er am Kreuz gestorben ist. Am Kreuz und dem Tode nahe rief er: »Mein Gott, mein Gott, warum hast du mich verlassen!« Im Angesicht des Todes war Jesus hilflos und zweifelnd, auch für ihn war es das Aus.

Doch Jesus ist auferweckt worden, das Licht Gottes hat die Dunkelheit des Todes vertrieben. Ostern ist der Durchbruch des Lichtes gegen die Dunkelheit des Todes. Ostern zeigt uns, dass Gott selbst stärker ist als der Tod. Es ist eine Botschaft voller Hoffnung an alle Menschen: Wenn mein Körper nicht mehr funktionsfähig ist und stirbt, ist nicht alles zu Ende. Der Tod hat nicht das letzte Wort.

Christinnen und Christen in aller Welt feiern an jedem Sonntag diese Osterbotschaft, denn sie ist die große Zusage Gottes an uns Menschen, dass er uns nicht verlässt und bildet den Kern des Christentums.

April

In einer alten Redensart heißt es »April, April, der macht was er will«. Gemeint ist das unbeständige Wetter im April, denn hier können uns noch einmal Eis und Schnee einholen. Dieses »launenhafte« Wetter begleitet uns meist bis Mai, bis zu den Eisheiligen (doch davon mehr beim Monat Mai). In diesem Monat steht die erwachende Natur, die wir auch als Schöpfung bezeichnen, im Mittelpunkt.

Welche Aktivitäten, Ideen und Basteltipps euch in diesem Monat erwarten, sehr ihr hier:

★ Schöpfung – Einen Umwelt-Aufräum-Spaziergang machen
★ Hört Gott mich beten? – Beten, und wie soll das gehen?
★ Immer dasselbe – Wir erinnern uns gemeinsam
★ Fehler gehören dazu – Um Verzeihung bitten können

14. Wochenende: Schöpfung

FREITAG

Umweltschutz und die Bewahrung der Schöpfung sind nicht nur moderne Themen, bereits im Hochmittelalter gab es einen engagierten »Umweltschützer«: Franz von Assisi.

Franz von Assisi, hieß eigentlich Giovanni Bernardone, er lebte von 1181/82–1226 und war der Sohn eines wohlhabenden Tuchhändlers. Seine christlichen Zeitgenossen nannten ihn »Einfaltspinsel«. Papst Innozenz III., sagte gar zu ihm, als Franz um die Anerkennung seiner Gemeinschaft bat: »Sicher findest du ein paar Schweine, Bruder, die dich in ihren Stall aufnehmen. Ihnen magst du predigen, und vielleicht nehmen sie deine Regel an. Einem Schwein gleichst du jedenfalls eher als einem menschlichen Wesen.«

Ein ziemlich harter Satz des Papstes, doch er traf auf einen wahren Kern, denn für Franz waren auch Schweine wertvoll. Seine große Liebe galt den Lebewesen, den Pflanzen und Tieren, dem Bruder Sonne und der Schwester Mond, wie es im Italienischen heißt.

Franz von Assisi steht für ein Leben im Einklang mit der Natur. Tiere und Pflanzen haben ein Lebensrecht wie der Mensch auch, kein Lebewesen darf auf Kosten der anderen leben. Sogar den Tod bezeichnet er als Bruder, denn auch der Tod gehört zur Schöpfung, und der Mensch ist Teil dieser Schöpfung.

Jedes Lebewesen ist Teil der Schöpfung, d.h. auch der Kollege, der mir vor Kurzem in den Rücken gefallen ist, die Nachbarin, die ständig redet, der Hund des Nachbarn, der ständig bellt, das Insekt, das mich letzte Nacht nicht schlafen ließ. Und auch das Schwein, dessen Kotelett wir essen, das Huhn, das ich gebacken so gerne mag.

SAMSTAG

Aufräumen einmal anders

Jana lebt mit ihren Eltern am Rand einer Großstadt. Die Klassenlehrerin hat die Kinder eingeladen, am Samstag einen Umwelt-Aufräum-Spaziergang zu machen.

Über die Hälfte der Kinder sind da, als sie sich am Weiher treffen. Jedes Kind bekommt eine große Plastiktüte und eine lange Metallzange in die Hand. Gemeinsam wollen sie das Naherholungsgebiet von Müll befreien. Jana schaut ihre große Tüte an und denkt sich: So ein großer Sack, den kriege ich ja niemals voll! Nach einer kurzen Einweisung eines Umweltbeauftragten wandern sie los. Jana findet zu ihrer Verwunderung sehr viel Dinge, die nicht in die Natur gehören: zahllose Taschentücher, Plastikverpackungen, einige Getränkedosen und -flaschen, Zigarettenpackungen, einen einsamen Gummistiefel, eine Jute-Tüte, eine Fahrradklingel, einen vergilbten Tennisball, ein schmutziges Handtuch, einen Plastikteller und im Nu ist ihre Tüte halb voll. Jana schaut sich um, auch die Tüten der anderen Kinder sind bald zur Hälfte gefüllt.

Als sie gemeinsam eine Pause machen und Äpfel essen, erzählt die Lehrerin, wie schädlich der ganze Müll für die Umwelt ist, und dass es wirklich ein Segen für dieses Naherholungsgebiet ist, dass die Kinder sich heute Zeit genommen haben, um hier sauber zu machen.

Einige Tage später steht Jana an der Bushaltestelle und wartet auf den Bus, der sie in die Schule bringen soll. Neben ihr steht ein Junge, etwa zwei Jahre älter als sie. Er hat Kopfhörer auf, man hört den Rhythmus der Musik. Er hat ein kleines Fläschchen mit Trinkjoghurt in der Hand. Als er es ausgetrunken hat, schmeißt er es auf den Boden. Jana sieht das und ärgert sich. Sie geht zu dem Jungen hin, spricht ihn an. Er guckt verdutzt, zieht seine Stöpsel aus den Ohren und sagt: »Was hast du gesagt?« Jana kriegt ein bisschen Herzklopfen, er ist schon ziemlich groß, dieser Junge. »Du hast deine Flasche auf den Boden geworfen, aber hier ist doch ein Mülleimer!«, sagt sie und zeigt auf den Abfallbehälter. Der Junge stutzt. Er zuckt die Schultern. »Stimmt«, sagt er, hebt die Flasche auf und wirft sie in den Mülleimer. »Weißt du«, sagt Jana, »ich habe letzte Woche am Weiher aufgeräumt. Wenn wir alle ein bisschen auf *die Umwelt achten, dann haben wir länger was davon. Wenn jeder seinen Müll einfach nur fallen lässt, sieht es bald nicht mehr schön aus auf unserer Welt.« Der Junge nickt, steckt seine Ohrstöpsel wieder in die Ohren und dann zeigt er Jana die Faust – mit erhobenem Daumen.*

»Du bist echt cool!«, sagt er.

Jana hat einen Beitrag zum Schutz der Umwelt, unserer Schöpfung geleistet. Sie hat verstanden, dass es wichtig ist, sorgsam mit der Natur umzugehen.

Jana hat sehr viel Mut bewiesen, indem sie den fremden Jungen auf sein falsches Verhalten aufmerksam gemacht hat. Und der Junge hat anders reagiert, als wir uns das vielleicht vorgestellt haben. Er hat sein Verhalten korrigiert, und er hat Jana gezeigt, dass sie im Recht ist.

Überlegt gemeinsam:

★ Kennt ihr ähnliche Situationen?
★ Wie geht ihr mit der Umwelt um?

Macht doch einmal einen Umwelt-Aufräum-Spaziergang in eurer Umgebung. Das ist nicht schwer, eine Mülltüte und ein Putzhandschuh reichen aus, und schon kann es losgehen, die Natur wird es euch danken, wenn ihr mit gutem Beispiel vorangeht! Vielleicht könnt ihr auch Freunde oder Bekannte zum Mitmachen gewinnen.

SONNTAG

Göttliches Antlitz in uns

Die Bibel sagt: »Gott hat die Welt in sieben Tagen erschaffen.« Doch wir dürfen diese Aussagen der biblischen Schöpfungstexte im Buch Genesis des Alten Testaments nicht wörtlich nehmen und sie auf unser Gefühl von Zeit übertragen. Die Zahl sieben ist ein Symbol für Vollkommenheit.

Gott ist die Bedingung der Möglichkeit für den »Urknall«, aus dem nach heutiger Erkenntnis unser Universum entstehen konnte. Wir wurden in der unvorstellbar langen Zeitschiene im Prozess der Evolution – der Entwicklung des Universums und der Lebewesen – erschaffen. Gott hat über Milliarden Jahre hinweg unser Universum, den Himmel, die Erde, das Meer, die Pflanzen, die Tiere und den Menschen »erschaffen«. Auch in dieser Minute geht Gottes Schöpfung weiter. So können wir die biblische Schöpfungserzählung mit unseren heutigen Erkenntnissen aus den Naturwissenschaften verstehen.

Gott hat uns von seiner göttlichen Kraft und seinem göttlichen Licht mitgegeben. Deswegen ist in allen Menschen das Licht Gottes, egal, ob wir es wahrnehmen, interpretieren oder akzeptieren. Daher haben wir schon immer eine innige Verbindung mit unserem Schöpfer, so wie ein Kind vor der Geburt im Bauch seiner Mutter mit der Nabelschnur verbunden ist.

Eine Meditation
Gott berührt mich in meinem Kind.
Ich schaue in das schlafende Gesicht meines Kindes, ich beobachte es, wenn es ganz in sich versunken spielt, wenn es mit mir diskutiert oder mit mir schmusen will, aber auch wenn es weint.
Mein Kind ist mir von Gott anvertraut – wenn es weint, vielleicht noch intensiver als sonst: Mein Kind braucht Trost, Konfliktregelung, Grenzsetzung, aufbauendes Lob.
Wir können gemeinsam erleben: Gott ist da – auch wenn wir weinen.

15. Wochenende:
Hört Gott mich beten?

FREITAG

Jede zweite Frau, so heißt es, betet. Männer beten weniger – woran das wohl liegen mag?

Beten heißt, den Blick verändern, den Blick weiten. Beten ist kein Versprechen, dass dadurch das Schwierige im Leben einfach wird, beten ist keine Garantie für »Hilfe«. Aber: Es kann eine neue Perspektive geben.

> Wenn du betest,
> wird dein Kreuz nicht leichter,
> doch deine Schultern breiter.
> PETER CEELEN

Vermutlich möchten wir auch, dass unser »Kreuz leichter« wird, manchmal geschieht das ja auch. Denn beten heißt, mich in Beziehung wissen, mich nicht alleine wissen in meinem Kummer, in meiner Not. Und nicht alleine zu sein, kann uns sehr stärken.

Sicherlich kennen Sie das Grimm'sche Märchen »Hänsel und Gretel«. Neben dem Sieg des Guten über das Böse zeigt dieses Märchen aber noch etwas anderes auf: Es ist hilfreich, Geschwister oder Freunde zu haben und mit diesen gemeinsam Herausforderungen zu bestehen, zusammen durch dick und dünn zu gehen.

Nun, um den Blick zu ändern, um zu tragen, was das Leben von mir verlangt, um mich zu freuen, wenn ich glücklich bin, ist es leichter, wenn ich ein Gegenüber habe. Die Herausforderungen und die Lösungen meiner Probleme bleiben in meiner Hand, aber manchmal kann ich zusammen mit anderen Menschen oder im persönlichen Gebet einen neuen Blick, eine neue Kraft finden, das tut gut.

SAMSTAG

Was für ein Tag

Markus ist ganz schön fertig. Nach dem Fußballtraining hat er sich mit seinem besten Freund Simon gestritten. Er kann im Moment eigentlich gar nicht mehr sagen, wie das alles begann, aber geendet hat es damit, dass sie völlig zerstritten auseinandergegangen sind, und das belastet Markus. Er hat richtig Bauchweh, wenn er daran denkt.

Mit so einem dicken Streit-Kloß im Bauch kann er gar nicht richtig an seiner Mathe-Aufgabe arbeiten. Das ist schlecht, denn morgen findet auch noch ein Mathe-Test statt. Wie soll das nur alles weitergehen?

Markus legt eine CD in den Player, macht die Musik ein bisschen lauter und legt sich aufs Bett. Er muss nachdenken. Ob beten jetzt hilft? Simon hat das mal gesagt, und den lieben Gott könnte Markus jetzt schon gebrauchen.

Markus geht durch den Park. Er sieht eine alte Frau. Markus kennt sie nicht, aber sie sieht eigentlich ganz nett aus wie sie da so friedlich auf ihrer Parkbank sitzt, die Spatzen mit Brotkrümelchen füttert und sich am Leben freut. Zufrieden wirkt sie, schon fast glücklich. Markus setzt sich neben sie. Sie kommen ins Gespräch und Markus erzählt, was alles passiert ist. Er fragt die alte Frau: »Beten Sie eigentlich?« Sie nickt: »Weißt du, ich erzähle dem lieben Gott jeden Tag, was gut war, und was nicht. Und er hilft mir in schwierigen Situationen.« Das ist genau das, was Markus braucht. Hilfe vom Herrgott. Und dann sagt er laut: »Lieber Gott, bitte mach, dass ich mich mit Simon wieder vertrage und morgen in Mathe keinen Fünfer kriege.« Die alte Frau lacht vergnügt: »Nein, mein Lieber, da hast du was falsch verstanden. Der liebe Gott ist kein Zauberer oder eine gute Fee. Du kannst ihn um Hilfe bitten, aber du wirst auch selbst etwas tun müssen, damit du deine Wünsche wahrmachen kannst. Du könntest Gott bitten, dass er dir den Mut schenkt, auf deinen Freund zuzugehen und dich zu versöhnen. Du könntest ihn bitten, dir die nötige Ruhe und Sammlung zum Lernen zu geben, und Zuversicht für die morgige Arbeit ...«

Eine Tür fällt ins Schloss. »Hallo, ich bin wieder da!«, hört er seine Mutter. Markus schreckt von seinem Bett hoch. Mist! Eingeschlafen, auch das noch, und es dämmert schon. Er denkt daran, was er gerade geträumt hat. Dann holt er sich das Telefon. »Lieber Gott«, denkt er, »kannst du mir beim Telefonieren mit Simon helfen? Dass es uns gelingt, uns zu versöhnen?« Dann wählt er die Nummer, Simon hebt am anderen Ende der Leitung ab. »Hey Markus«, sagt er, »gut dass du anrufst, ich fand unseren Streit irgendwie echt komisch. Tut mir leid, was ich alles gesagt habe, ich war einfach so sauer.« Markus schluckt: »Ja, ich wollte mich auch entschuldigen, es tut mir leid.« So einfach ist das mit Gottes Hilfe?

»Danke, lieber Gott«, flüstert Markus. »Und wo mich der Streit jetzt nicht mehr drückt, wirst du mir sicherlich helfen, die nötige Ruhe und Konzentration zum Mathelernen zu bekommen, oder?«

Sprecht miteinander über diese Geschichte:

★ Was hat Markus durch seinen Traum verstanden? Wie kann das aussehen, wenn man mit Gott in den Dialog tritt?
★ Habt ihr schon mal ähnliche Gespräche mit Gott geführt? Habt ihr schon einmal Gott für besonders gut gelungene Dinge gedankt? Habt ihr schon einmal Gott um seine Hilfe in schwierigen Situationen gebeten?
★ Probiert es mal aus, es tut gut, wenn man Gott dankt, es hilft einem, wenn man seine Bitten formuliert und vor Gott trägt. Und es macht Mut, es stärkt.

SONNTAG

Was heißt beten?

Auf unserer Erde leben rund acht Milliarden Menschen. Etwa 1/3 dieser Menschen sind Christen. Wenn wir uns vorstellen, dass diese knapp zweieinhalb Milliarden Menschen alle gleichzeitig zu Gott beten würden, wäre Gott ganz schön »beschäftigt«.

Doch wir dürfen unsere menschlichen Vorstellungen nicht einfach auf Gott übertragen. Die Kommunikation mit Gott geht über Gedanken und Geistesblitze. Manchmal spüren wir, dass Gott uns nahe ist und ER uns gute Gedanken schenkt. Wir können in der Stille hören, was Gott uns sagen will. Dazu braucht man kein Handy und auch keinen Computer. Wir sind direkt mit Gott verbunden. Gott ist mit uns immer auf Sendung und wir sind immer mit ihm vernetzt.

Beten können ist eine Kompetenz fürs Leben. Beten heißt, das Gespräch mit Gott zu suchen, ihm meine Gedanken anzuvertrauen, Gottes Stimme zu hören. Wie man betet, lernt man, indem man betet.

Ähnlich

Beten bedeutet, nicht zu verzweifeln.
Beten ist Widerspruch gegen den Tod.
Es bedeutet, sich zu sammeln, nachzudenken, Klarheit zu gewinnen,
wohin wir eigentlich leben, was wir mit unserem Leben wollen;
Gedächtnis zu haben und darin Gott ähnlich werden;
Wünsche zu haben für uns und unsere Kinder;
die Wünsche laut und leise, zusammen und allein zu äußern
und darin immer mehr dem Menschen ähnlich zu werden,
als der wir gemeint waren.

DOROTHEE SÖLLE

16. Wochenende:
Immer dasselbe

FREITAG

Moderne Hirnforschung hat sichtbar gemacht, wie unser Gehirn funktioniert – oder eben nicht funktioniert. Reale Konflikte, der Verlust von Fähigkeiten oder Beziehungen können bei allen höheren Lebewesen zur Störung des inneren Gleichgewichts führen. Beim Menschen kommt aber noch hinzu, dass die Vorstellung allein ausreicht, um im Gehirn dieselbe Reaktion auszulösen wie z. B. der Konflikt selbst. Vermutlich kennen Sie das: Wir liegen abends im Bett, oder wachen frühmorgens auf, und die Gedanken kreisen, vor dem inneren Auge tauchen Belastungen auf, Situationen, in denen wir uns ohnmächtig oder überfordert fühlen, und schon nimmt uns dies die Ruhe zum Einschlafen oder die Kraft für den Tag.

Diese Fähigkeit des Menschen, dass die Vorstellung von Situationen in unserem Gehirn dieselben neurobiologischen Prozesse auslöst wie das Erleben der Situation selbst, ist eine Stärke und eine Belastung zugleich. Die inneren Bilder können Stress verstärken oder sie können positiv wirken, uns stärken, Sicherheit und Vertrauen geben.

Am Ende einer Woche kann ich an all das denken, was schwierig war, und die dazu gehörenden Gefühle werden mich begleiten. Ich kann aber auch an all das denken, was mich gefreut hat, was gelungen ist, wo wir gelacht haben. Ich kann auch die mir lieben Menschen nach dem fragen, was in den vergangenen Tagen oder am heutigen Tag positiv war. Ich kann mir auch für das beginnende Wochenende vorstellen, was ich bis Sonntag gerne tun würde: lesen oder Musik hören, ein bisschen spazieren gehen oder mit dem Rad eine Tour machen. Bereits in der Vorstellung lösen diese Gedanken in uns positive Gefühle aus.

Wenn Sie die positiven inneren Bilder zu nutzen lernen, kann es äußerlich ruhig, vielleicht sogar langweilig sein, und zugleich ist in Ihren inneren Bildern eine bunte, anregende Welt lebendig.

SAMSTAG

Nichts los heute

Markus ist langweilig. Draußen regnet es. Er sitzt in seinem Zimmer und sieht den Tropfen zu, wie sie in kleinen Bächlein über das Fenster laufen. Das Fußballtraining ist abgesagt, das Wetter war die letzten Tage schon so mies, dass der Platz ein einziger riesiger seichter See ist. Markus' Freund Simon ist übers Wochenende bei seinen Großeltern zu Besuch. Die anderen Jungs sind auch alle irgendwie mit ihrer Familie unterwegs, eine Geburtstagsfeier irgendeiner Tante da, die goldene Hochzeit der Großeltern dort – nur bei Markus ist überhaupt nichts los. Total öde, alles.

Markus schiebt eine CD in die Anlage, legt sich auf sein Bett und denkt nach. Das Leben ist schon ganz schön unberechenbar: es gibt manchmal unerwartete Höhen, da ist man der Sieger, fühlt sich gut, es ist alles wunderbar, ein Traum! Zum Beispiel nach dem 4:1 gegen die Mannschaft aus Oberberg! Dabei sind doch die Oberberger wirklich starke Gegner. Es gibt auch Tiefen, da beutelt es einen ganz schön durch: Als Markus die Fünf in Englisch bekommen hatte, obwohl er normalerweise auf »gut« steht und bei dieser Arbeit ein super Gefühl hatte. Oder der Fahrradunfall seines Freundes Alex: zwei Wochen auf der Intensivstation, dann noch mal vier Wochen Krankenhaus, dann sechs Wochen Reha. Er kann immer noch nicht Fußball spielen! Und dann gibt es die Strecken zwischen den Hochs und den Tiefs. Die langen, geraden, eintönigen. Auf einer solchen Strecke befindet sich Markus wohl gerade.

»Na ja, besser als ein Tief immerhin«, denkt sich Markus, »vielleicht kommt es allein auf den Blickwinkel an?« Er setzt sich ruckartig auf. »Mensch, jammer nicht rum, mach was draus!«, sagt er zu sich selbst und beschließt, nachzusehen, was seine Eltern wohl machen.

Markus findet seinen Vater vor dem Computer, er will die alten Fotos sortieren. Markus setzt sich dazu. Anfangs schaut er seinem Vater nur so ein wenig über die Schulter, doch allmählich beginnt er sich für die Fotos und die dadurch bebilderte Familiengeschichte zu interessieren. Gemeinsam schauen sie Fotos aus den letzten fünf Jahren an, unterhalten sich über Höhen, Tiefen des Lebens und die »unaufregenden« Strecken, die das Leben auch immer wieder beinhaltet.

die Umwelt achten, dann haben wir länger was davon. Wenn
jeder seinen Müll einfach nur fallen lässt, sieht es bald
nicht mehr schön aus auf unserer Welt.« Der Junge
nickt, steckt seine Ohrstöpsel wieder in die Ohren
und dann zeigt er Jana die Faust – mit erhobenem
Daumen.

»Du bist echt cool!«, sagt er.

Jana hat einen Beitrag zum Schutz der Umwelt, unserer
Schöpfung geleistet. Sie hat verstanden, dass es wichtig ist, sorgsam mit
der Natur umzugehen.

Jana hat sehr viel Mut bewiesen, indem sie den fremden Jungen auf sein
falsches Verhalten aufmerksam gemacht hat. Und der Junge hat anders
reagiert, als wir uns das vielleicht vorgestellt haben. Er hat sein Verhalten
korrigiert, und er hat Jana gezeigt, dass sie im Recht ist.

Überlegt gemeinsam:

★ Kennt ihr ähnliche Situationen?
★ Wie geht ihr mit der Umwelt um?

Macht doch einmal einen Umwelt-Aufräum-Spaziergang in eurer Umgebung. Das ist nicht schwer, eine Mülltüte und ein Putzhandschuh reichen
aus, und schon kann es losgehen, die Natur wird es euch danken, wenn ihr
mit gutem Beispiel vorangeht! Vielleicht könnt ihr auch Freunde oder Bekannte zum Mitmachen gewinnen.

SONNTAG

Göttliches Antlitz in uns

Die Bibel sagt: »Gott hat die Welt in sieben Tagen erschaffen.« Doch wir dürfen diese Aussagen der biblischen Schöpfungstexte im Buch Genesis des Alten Testaments nicht wörtlich nehmen und sie auf unser Gefühl von Zeit übertragen. Die Zahl sieben ist ein Symbol für Vollkommenheit.

Gott ist die Bedingung der Möglichkeit für den »Urknall«, aus dem nach heutiger Erkenntnis unser Universum entstehen konnte. Wir wurden in der unvorstellbar langen Zeitschiene im Prozess der Evolution – der Entwicklung des Universums und der Lebewesen – erschaffen. Gott hat über Milliarden Jahre hinweg unser Universum, den Himmel, die Erde, das Meer, die Pflanzen, die Tiere und den Menschen »erschaffen«. Auch in dieser Minute geht Gottes Schöpfung weiter. So können wir die biblische Schöpfungserzählung mit unseren heutigen Erkenntnissen aus den Naturwissenschaften verstehen.

Gott hat uns von seiner göttlichen Kraft und seinem göttlichen Licht mitgegeben. Deswegen ist in allen Menschen das Licht Gottes, egal, ob wir es wahrnehmen, interpretieren oder akzeptieren. Daher haben wir schon immer eine innige Verbindung mit unserem Schöpfer, so wie ein Kind vor der Geburt im Bauch seiner Mutter mit der Nabelschnur verbunden ist.

Eine Meditation
Gott berührt mich in meinem Kind.
Ich schaue in das schlafende Gesicht meines Kindes, ich beobachte es, wenn es ganz in sich versunken spielt, wenn es mit mir diskutiert oder mit mir schmusen will, aber auch wenn es weint.
Mein Kind ist mir von Gott anvertraut – wenn es weint, vielleicht noch intensiver als sonst: Mein Kind braucht Trost, Konfliktregelung, Grenzsetzung, aufbauendes Lob.
Wir können gemeinsam erleben: Gott ist da – auch wenn wir weinen.

★ Habt ihr in letzter Zeit einmal eure Familienfotos angeschaut?

★ Gab es Anlässe, bei denen viele Fotos gemacht wurden, die jetzt vielleicht still in einer Datei des Computers verstauben – ungeachtet der Euphorie der glücklichen Momente, in denen sie gemacht wurden?

Schaut euch doch mal gemeinsam ein paar Fotos an, die eure Höhen und Tiefen dokumentieren – oder eben die scheinbar öden Strecken dazwischen. Das Leben ist so wertvoll, dass es sich durchaus lohnt, in einer stillen Stunde einen Blick darauf zu werfen.

SONNTAG

Meine »Tagesschau«

Abends vor dem Einschlafen können wir uns gemeinsam ein wenig Zeit für unsere ganz persönliche »Tagesschau« nehmen:

★ Was war heute schön und was nicht?
★ Warum hast du heute mit mir so arg geschimpft?
★ Warum hast du mich heute geärgert, indem du deine kleine Schwester dauernd gekratzt hast?
★ Warum haben wir uns heute gestritten?
★ Warum hast du zwar so lang mit deiner Freundin telefoniert, aber für mich keine Zeit gehabt?

Solche abendlichen Gespräche tun allen Familienmitgliedern gut. Wir hören aufeinander und bekommen viel voneinander mit, wie es uns wirklich geht und was wir verändern können. Und wir können all das Gott im Gebet anvertrauen.

Ein fünfjähriges Mädchen antwortete auf die Frage ihres Vaters, was heute schön und was nicht so schön war: »Lieber Gott, heute war es gar nicht schön, der Moritz hat mich gehauen, dann habe ich ihn auch gehauen. Schlaf gut, lieber Gott.«

Der Vater hat dann noch lange mit ihr über die Geschehnisse im Kindergarten gesprochen. Einige Tage später war Moritz auch wieder ihr bester Freund.

So wie das kleine Mädchen können auch wir direkt mit Gott über das, was uns bewegt, sprechen. Dies ist nicht schwierig zu lernen.

17. Wochenende:
Fehler gehören dazu

FREITAG

Natürlich gehören Fehler zum Leben, das wissen wir. Wenn wir die Buchstaben des Wortes »Fehler« nehmen und versuchen, neue Worte daraus zu bilden, entsteht u. a. »Helfer«. »Fehler« sind auch »Helfer«, denn ohne dass wir Fehler machen, können wir nicht lernen und uns nicht entwickeln. Aber es sagt sich so leicht. Denn es gibt auch Situationen, in denen wir keine Fehler machen dürfen: Flugzeugpiloten und Busfahrer, auch wir selbst beim Autofahren.

Von 1935 bis in die 1950er-Jahre schrieb Bertolt Brecht die Kurzprosa »Geschichten von Herrn K«, mit vollem Namen Herr Keuner. Eine der Geschichten nimmt uns hinein in die Veränderungen, die wir bewusst anzielen oder die einfach geschehen. »Ein Mann, der Herrn K. lange nicht gesehen hatte, begrüßte ihn mit den Worten: ›Sie haben sich gar nicht verändert.‹ ›Oh!‹, sagte Herr K. und erbleichte.«

Fehler machen hat mit Veränderung zu tun. Manchmal ist es nicht leicht, zu eigenen Entwicklungen und eigenen Veränderungen zu stehen. »Ja, ich habe mich in den letzten Jahren verändert«, fordert auch heraus, Worte zu finden für diese Veränderungen. Manchmal sagen einem Anverwandte: »Du bist anders geworden, was ist denn mit dir los?«, und es ist oft nicht einfach, in verständliche Worte zu fassen, was sich wirklich verändert hat. Manchmal ist es aber auch enttäuschend, dass die Umgebung, die Menschen, mit denen wir leben, gar nicht merken, dass wir uns verändert haben. Es ist gut, manchmal darüber zu reden, dass wir uns verändern. So verstanden können Fehler zu Helfern werden, Veränderungen wahrzunehmen – bei uns selbst, bei einem Partner oder einer Freundin, bei den eigenen Kindern.

SAMSTAG

Viele bunte Farben

Benedikt ist viereinhalb und liebt das Malen mit flüssigen Farben. Heute hat die Erzieherin im Kindergarten genau das mit den Kindern vor. Benedikt ist glücklich über dieses Angebot und legt gleich los – er hat einen Malerkittel an und vor ihm liegt dieses wunderbare riesige weiße Plakat, das er nun bemalen darf. Versunken und konzentriert malt er. Die meisten anderen Kinder sind lange vor ihm fertig, Benedikt malt immer noch, er fügt immer wieder neue Details hinzu, kann gar nicht aufhören. Erst als wirklich kein weißes Fleckchen mehr auf dem Papier ist, seufzt er zufrieden, schaut sich sein Werk noch einmal an und zeigt es der Erzieherin. Sie bittet ihn, seinen Pinsel und seine Hände im Waschraum sauber zu machen.

Benedikt geht in den Waschraum und trifft seine Freundin Julia, die auch ihren Pinsel und ihre Hände waschen soll. Sie hat ihren Pinsel abgelegt, und Farbe verteilt sich auf dem Rand des Waschbeckens. Das bringt die Kinder auf eine Idee: Sie probieren aus, wie die Farbe auf dem Waschbecken aussieht, sie verschmieren Farbe auf dem Waschbeckenrand, auf dem Wasserhahn, auf Fliesen. Man kann mit dem Finger wunderbare Spuren in der Farbe hinterlassen, besonders auf den Keramik-Fliesen lassen sich da tolle Muster zeichnen. Plötzlich hören sie die Stimme der Erzieherin. »Bene, Julia, seid ihr bald fertig?«, ruft sie. Oh weh. Jetzt sehen die beiden erst, was sie angerichtet haben. Schnell waschen sie sich die Hände, spülen die Pinsel ab und laufen in die Gruppe zurück.

Den ganzen Morgenkreis über denkt Benedikt an das bemalte Waschbecken. Er fühlt sich nicht gut, kann kaum singen, kaum zuhören. Und es kommt, wie es kommen muss: Die Erzieherin entdeckt die Schmiererei. Sie fragt die Kinder, wer das Waschbecken und die Fliesen mit Farbe bemalt habe. Sie ist wirklich sauer, schaut die Kinder nacheinander ernst an. Benedikt bringt es nicht fertig, sich zu melden. Auch Julia sagt nichts, sieht weg.

Später, als die Kinder schon wieder am Spielen sind, geht Benedikt zu seiner Erzieherin, und sagt: »Du Eva, das Waschbecken … die Farbe … das war ich!« Sofort kullern dicke Tränen über seine Wangen, sein Herz klopft zum Zerspringen. Richtig weh tut das. Eva sieht ihn an: »Benedikt, ich finde es gut, dass du mir das jetzt gesagt hast. Und mutig.« Und dann drückt sie ihm einen

Lappen in die Hand und bittet Benedikt freundlich, im Waschraum sauber zu machen. Benedikt putzt und wischt und wienert. Nach 20 Minuten zeigt er Eva den Waschraum, und sie lobt ihn: »Das hast du wirklich sehr gut gemacht, ich kann keine Farbe mehr sehen, du hast sehr sauber geputzt!« Und dann sieht sie ihm fest in die Augen: »Es ist nicht schlimm, wenn du mal einen Fehler machst. Aber du musst den Mut haben, deinen Fehler zuzugeben, und versuchen, ihn wiedergutzumachen. Ich bin stolz auf dich, weil du das heute geschafft hast!« Dann nimmt sie Benedikt in den Arm. Alles ist wieder gut, und Benedikt hat tatsächlich das Gefühl, dass heute ein wichtiger Tag ist, dass er heute etwas geschafft hat.

Einen Fehler zu machen ist nicht der Weltuntergang. Aber ihr solltet versuchen, diesen Fehler wiedergutzumachen. Wenn ihr versucht, euch vor dieser Verantwortung zu drücken, dann erfüllt ihr die Erwartung anderer nicht, aber noch viel schlimmer: Ihr könnt so auch eure eigene Erwartung nicht erfüllen, und das drückt die Stimmung, das macht euch unglücklich.

Besser ist es dann, eine Form der Umkehr zu finden: um Verzeihung bitten, sich selbst verzeihen, oder andere Wege finden, den Fehler wieder auszubügeln.

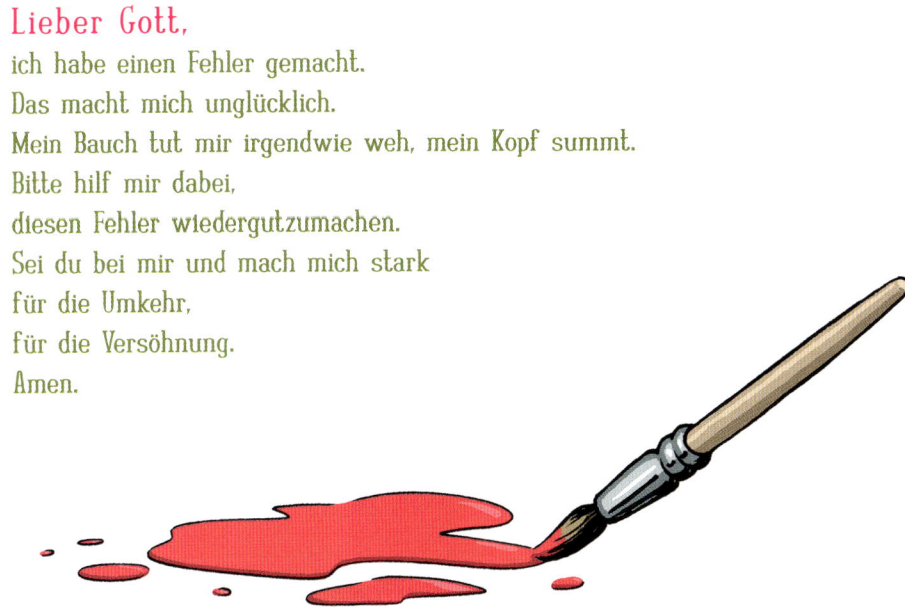

Lieber Gott,
ich habe einen Fehler gemacht.
Das macht mich unglücklich.
Mein Bauch tut mir irgendwie weh, mein Kopf summt.
Bitte hilf mir dabei,
diesen Fehler wiedergutzumachen.
Sei du bei mir und mach mich stark
für die Umkehr,
für die Versöhnung.
Amen.

SONNTAG

Mit Schwächen leben

Der Sonntag gibt uns Spielraum, zur Ruhe zu kommen und zu spüren, dass wir mehr sind als das, was wir leisten, oder eben nicht leisten (können). Wir können uns Gott in jeder Situation anvertrauen – gerade auch in der Situation, wenn wir manches in unserem Leben nicht schaffen und auch mit Misserfolgen zurechtkommen müssen.

Der Sonntag gibt uns aber auch die Möglichkeit, uns selbst und auch mit anderen zu überlegen, welches die Gründe dafür sind, dass wir etwas nicht geschafft haben – und warum wir damit hadern.

Manchmal nehmen wir uns einfach zu viel vor. So viel, dass wir es gar nicht erst schaffen können. Jesus hat Menschen nie überfordert. Er war sehr einfühlsam für ihre Nöte und Lebenssituationen.

Sich mit den eigenen Grenzen zu versöhnen, gehört ganz wesentlich zu unserem gemeinsamen Weg mit Gott. Gott nimmt uns so an, wie wir sind – gerade auch mit unseren Fehlern und Schwächen.

Ein ungutes Gefühl hängt uns oft bis in den Sonntag hinein nach, wenn die vergangene Woche nicht gut gelaufen ist. Schulische Erfolge und Misserfolge fallen in der Regel nicht vom Himmel. Man kann meistens etwas daran ändern. Oft hilft es, die eigenen Verhaltensweisen zu überdenken, anders und konzentrierter zu lernen – weniger Fernsehen und Ablenkung.

Wenn wir es in der Familie – mal wieder – nicht geschafft haben, uns an gemeinsam gegebene Regeln und Vereinbarungen zu halten, kann der Sonntag ebenfalls eine gute Gelegenheit zur Veränderung sein.

Menschliches Zusammenleben braucht immer wiederkehrende Korrekturen – wir Menschen sind nun mal nicht perfekt.

Mai

Wenn das Wetter im Mai, nach den Eisheiligen (das sind fünf Heilige, die noch einmal besonders kühles Wetter und Nachtfrost verheißen, der letzte Gedenktag ist der 15. Mai, der Tag der »kalten Sophie«), stabiler wird und die Temperaturen in die Höhe klettern, scheint es fast so, als würde die Natur »explodieren«. Die Bäume beginnen zu blühen, die Pflanzen zeigen ihre ganze Pracht, alles wird bunt und fröhlich.

Welche Aktivitäten, Ideen und Basteltipps euch in diesem Monat erwarten, sehr ihr hier:

* Wenn alles in Blüte steht – Was bringt der Mai uns alles?
* Muttertag und Vatertag – Kann man das überhaupt errechnen?
* Pfingsten – Gemeinschaft erleben
* Dicke Luft – Wir streiten auch mal

18. Wochenende:
Wenn alles in Blüte steht

FREITAG

Endlich – Freitag. Vielleicht denken Sie noch daran, was in dieser Woche alles auf Sie zugekommen ist, an Schönem und an Schwierigem. Die Arbeitstage, die Aufgaben zu Hause und zusätzliche Termine, die die Woche geprägt haben. Vielleicht war es eine abwechslungsreiche und schöne Woche für Sie, vielleicht aber auch eine mühsame oder einsame Woche, in der Sie eine Trennung, einen Abschied schmerzlich gespürt haben.

Nun ein Wochenende, das vor uns liegt – hoffentlich ein wenig Zeit, die wir gestalten und nutzen können. Es ist unsere Lebenszeit, es liegt auch an uns, was wir daraus machen.

Versäumnis
Viel zu wenig
kenne ich die Bäume,
die vor meinem Fenster stehn und rauschen,
viel zu selten baun sich meine Träume
Nester – um die Winde zu belauschen,
und des Himmels Silberwolkenspiele
gehn vorüber, ohne mich zu trösten –
Ganz vergessen habe ich so viele Wunder,
die mir einst das Herz erlösten.
INA SEIDEL

Ein Wochenende liegt vor uns, vielleicht wird es ein Wochenende mit »Silberwolkenspielen«, Tage mit guten Begegnungen und erfreulichen Erfahrungen. Hoffentlich wird es ein Wochenende, an dessen Ende Sie nicht sagen müssen: »Viel zu wenig sehe ich die Bäume, die vor meinem Fenster stehn.«

SAMSTAG

Alles neu macht der Mai

Der Mai ist ein ganz besonderer Monat im Jahr: Der Mai wird als Wonnemonat bezeichnet, es überwiegt bei den meisten die Freude über den Einzug des Frühlings.

Viele Maibräuche, die teilweise sehr alt sind, und in die Wurzeln unserer Traditionen zurückreichen, kennen wir: Es beginnt mit der Walpurgisnacht am 30. April, am 1. Mai findet vielerorts der »Tanz in den Mai« statt, es werden Maibäume aufgestellt, Maiköniginnen geehrt, es gibt Volksfeste.

Vor allem in Süddeutschland, in Österreich und der Schweiz gilt der Mai auch als »Marienmonat« zu Ehren der Mutter Jesu, es gibt Maiandachten, Wallfahrten und Mariengottesdienste.

Der 1. Mai ist in Deutschland seit 1933 ein Feiertag. Die Idee stammt ursprünglich aus Amerika: Vertreter einer Arbeitervereinigung überlegten sich vor über 100 Jahren, dass die Arbeiter einen gesetzlichen Ruhetag zur Erholung verdient hätten.

Der Mai steht auch im Verdacht, für die Liebe verantwortlich zu sein. Viele Menschen verlieben sich im Mai neu, und der Mai ist auch ein beliebter Hochzeitsmonat.

Überlegt gemeinsam:

★ Wie wirkt der Mai, mit seiner neuen, frischen Lebenskraft auf euch?
★ Haben deine Eltern sich vielleicht mal im Mai verliebt?
★ Haben sie einander vielleicht im Mai kennengelernt?
★ Wie ist der Monat Mai für euch? Empfindet ihr auch etwas von jener Lebenslust, die diesem Monat nachgesagt wird?

Schon Johann Wolfgang von Goethe (1749–1832) hat in seinem »Mai-Lied« der wunderbaren Frühlingsstimmung und der Liebe zu einem Mädchen Ausdruck verliehen:

Mai-Lied

Wie herrlich leuchtet
Mir die Natur!
Wie glänzt die Sonne!
Wie lacht die Flur!

Es dringen Blüten
Aus jedem Zweig
Und tausend Stimmen
Aus dem Gesträuch

Und Freud und Wonne
Aus jeder Brust.
O Erd, o Sonne!
O Glück, o Lust!

O Lieb, o Liebe!
So golden schön,
Wie Morgenwolken
Auf jenen Höhn!

Du segnest herrlich
Das frische Feld,
Im Blütendampfe
Die volle Welt.

O Mädchen, Mädchen,
Wie lieb ich dich!
Wie blickt dein Auge!
Wie liebst du mich!

So liebt die Lerche
Gesang und Luft,
Und Morgenblumen
Den Himmelsduft,

Wie ich dich liebe
Mit warmem Blut,
Die du mir Jugend
Und Freud und Mut

Zu neuen Liedern
Und Tänzen gibst.
Sei ewig glücklich,
Wie du mich liebst!

JOHANN WOLFGANG VON GOETHE

SONNTAG

Nichts wird mir fehlen

In wenigen Tagen sind die Blüten in den Gärten und Feldern explosionsartig aufgebrochen.

Die Wiesen sind mit großen Blumenteppichen geschmückt, unterbrochen durch blühende Bäume in gelb, weiß, orange und blau. Als ob einer einen inneren Plan hätte und uns Menschen erfreuen und aufrütteln möchte.

Achtlos vorbeizugehen, dies alles als selbstverständlich zu nehmen, bringt uns um wertvolle Erfahrungen, innehalten, dankbar sein, seelische Erholung.

Setzen Sie sich am heutigen Sonntag doch einfach mal auf eine Anhöhe, auf eine Wiese oder in einen Park und schauen Sie still – vielleicht gemeinsam – auf die blühenden Wiesen und die in verschiedenem Grün aufbrechenden Wälder – das kann richtig guttun.

Die summenden Bienen, die den Blütenstaub weitertragen und so mithelfen, dass im Herbst Früchte an den Bäumen hängen.

Hören, sehen, riechen, schmecken, schauen, lauschen.

Gott mit neuen Augen sehen – auch in seiner Schöpfung, die in der Wiederkehr von Frühling, Sommer, Herbst und Winter unser Leben prägt.

»Der Herr ist mein Hirte, nichts wird mir fehlen.« (Psalm 23,1)

So wird im Psalm 23 schon seit langer Zeit gebetet.

Dass uns im Frühling ein solcher Blumenteppich erfreuen kann, hängt mit dem Sonnenstand unseres Heimatplaneten zusammen. Um diese Zeit dreht sich der Teil der Erde, auf dem wir leben, der Sonne anders zu als im Winter. Sie kann so ihre Kraft neu zur Entfaltung bringen.

Dass der Blütensegen unserer Menschheit erhalten bleibt, dafür sind wir mitverantwortlich.

19. Wochenende:

Muttertag – Vatertag

FREITAG

Muttertag – am zweiten Wochenende im Mai wird dieser Tag gefeiert, Kinder beschäftigen sich in Kindergarten und Schule schon in der Woche davor mit Bastelarbeiten, größere Kinder organisieren vielleicht das Frühstück am Muttertag. Aus heutiger Sicht etwas eigenartig, nur einmal im Jahr – Muttertag.

Der Vatertag kam erst viel später dazu, gefühlt nur für den Vater wichtig. Oftmals nur aus Gerechtigkeitsgründen begangen, »gefeiert« dazu zu sagen, wäre übertrieben angesichts der kargen Formen, die den Vatertag prägen. Ein gebasteltes Geschenk, »danke für alles« – wohlgemerkt, einem geliebten Vater gegenüber.

Welche Erinnerungen haben Sie an Ihre Kindheit, an Szenen mit Ihrer Mutter und/oder Ihrem Vater?

Doch der Mutter- und auch der Vatertag möchten noch viel mehr deutlich machen und dies sollte uns eigentlich täglich bewusst sein: Ich habe in meinem Leben vieles anderen zu verdanken. Vieles habe ich in meinem Leben nicht selbst gemacht, es wurde mir einfach geschenkt – seitens der Eltern und Großeltern, der Geschwister, der Anverwandten, später auch von Freundinnen und Freunden, vom Partner – und vielen anderen. Es war nicht alles nur einfach, nur angenehm, nur schön. Es gibt auch negative Erfahrungen, die belasten und das Leben einschränken. Doch der nahende Muttertag kann uns daran erinnern, dass wir nicht geworden wären, was wir sind, ohne all das, was uns von anderen Menschen mitgegeben wurde.

SAMSTAG

Die Rechnung

Emil hat ein kleines Problem. Nein, eigentlich ist es gar nicht so klein: Sein Fernsteuerauto, ein echt toller roter Flitzer, den er letztes Jahr zum Geburtstag bekommen hat, ist kaputt. Sein Papa hat festgestellt, dass es am Akku liegt. Nachdem Emil in den letzten Wochen ein neues Fahrrad und einen neuen Füller bekommen hat, haben seine Eltern gemeint, er solle sich den Akku von seinem eigenen Geld zusammensparen. Aber das ist nicht so einfach, seine Spardose ist ziemlich leer … Und vom Taschengeld kauft er sich eben gern mal was Süßes, ein Eis oder Aufkleber.

Zu Weihnachten hat er seiner Mama Gutscheine für verschiedene Dienste im Haushalt geschenkt: Staubsaugen, Geschirrspüler ausräumen, Müll runterbringen usw. seine Mama hatte sich damals sehr gefreut. Nun kommt Emil die zündende Idee: Er wird seiner Mama auch ohne Gutscheine im Haushalt kräftig helfen und sich seine Dienste auszahlen lassen.

Am nächsten Tag schindet sich Emil zur großen Verwunderung seiner Mutter wirklich sehr eifrig ab. Abends schreibt er seiner Mama eine Rechnung.

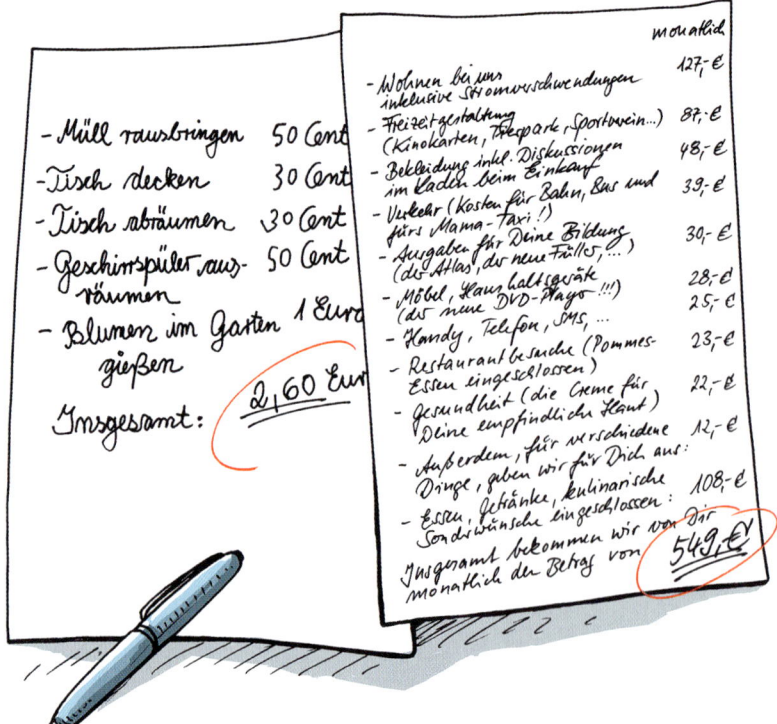

Das ist doch fürs Erste schon ganz ordentlich, denkt Emil. Er überschlägt schon mal, wie lange er wohl braucht, bis er das Geld für den neuen Akku beisammen hat.

Am kommenden Tag spricht seine Mutter ihn auf die Rechnung nicht an. Das verunsichert ihn etwas. Am Abend findet Emil auf seinem Kopfkissen einen Briefumschlag. Er öffnet ihn, und findet – eine Rechnung seiner Mutter.

Emil schluckt. So hat er das noch nie betrachtet. Na ja, er hat noch nie darüber nachgedacht. Es ist ja alles irgendwie selbstverständlich. Oder etwa doch nicht? Mit dem Brief in der Hand kriecht er ins Bett. Um jetzt noch zu seinen Eltern zu gehen, fehlt ihm der Mut.

Am nächsten Morgen steht er früh auf, deckt den Frühstückstisch. Seine Mutter ist überrascht, aber sie hat auch ein eigenartiges, feines Lächeln auf den Lippen. Und sie sagt gar nichts. »Mama«, setzt Emil an, »Mama, es tut mir leid, ich hab nie darüber nachgedacht, wie teuer ich bin!«

Sein Vater hat beim Hereinkommen Emils Satz mitbekommen. Beide Eltern lachen erleichtert: »Emil, Schatz, du bist nicht nur so teuer, wie es in der Rechnung steht! Du bist uns viel mehr wert! Aber es sollte doch auch selbstverständlich sein, einander das Leben zu erleichtern, einander zu helfen, miteinander den Alltag zu meistern oder etwa nicht?« Doch, es stimmt schon. Emil kann jetzt mitlachen.

Emil denkt noch lange an diesen Morgen. Und er hilft nun etwas mehr mit, im Alltag. Ohne Rechnung natürlich. Einige Wochen später steht sein Vater mit einer Tüte in der Tür. »Du, Emil, ich hab nochmal nachgefragt, und hab da einen recht günstigen neuen Akku bekommen.«

Emil ist überglücklich.

Sprecht über die Geschichte:

★ Was ist da passiert?

★ Hattet ihr auch schon einmal den Gedanken, für eure Hilfe von euren Eltern Geld zu verlangen?

★ Und Sie, liebe Eltern, haben Sie schon einmal Geld als Anreiz angeboten, um die Kinder zur Mithilfe zu motivieren?

★ Wie funktioniert es mit der gegenseitigen Unterstützung in eurer Familie? Gibt es etwas, das vielleicht noch verbessert werden könnte? Überlegt gemeinsam.

SONNTAG

Der Papa von Mama

Ohne unsere Eltern wären wir nicht auf der Welt. Irgendwann haben sie sich entschieden, ein Kind bekommen zu wollen. Oder sie haben sich ein weiteres Geschwisterchen für die älteren Geschwister gewünscht. Auf jeden Fall haben sie sich nicht gegen uns entschieden. Denn sonst gäbe es uns nicht. Das gilt für jeden Menschen: für dich, für deine Freunde – und auch für deine Eltern. Natürlich, denn deshalb gibt es ja Groß-Eltern, der Papa von Mama, die Mama von Papa, die Eltern unserer Eltern, Oma und Opa. Manche Großeltern sind erst fünfzig, andere schon neunzig Jahre alt, manche schon gestorben. Aber für alle gilt: Irgendwann hat deine Oma deine Mama und deine andere Oma deinen Papa als Baby auf die Welt gebracht. Und so wie deine Eltern sich um dich kümmern, haben sich deine Oma und dein Opa damals wahrscheinlich um deine Mama oder deinen Papa gesorgt. Sie haben sich sicherlich gefreut, aber auch sehr angestrengt, damit es deinem Vater oder deiner Mutter gut geht. Kinder zu haben war wahrscheinlich auch für sie eine tolle, aber auch mühsame Sache. Und es hört ja eigentlich nie auf: Noch immer sind deine Großeltern die Eltern deiner Eltern, vielleicht sagt dein Vater zu seiner Mutter ja auch »Mama« oder deine Mutter zu ihrem Vater »Papa«.

Ohne deine Großeltern, die sich vor vielen Jahren für deine Mama oder deinen Papa entschieden haben, gäbe es deine Eltern jedenfalls nicht. Und ohne deine Eltern gäbe es dich nicht. Ein guter Grund am Mutter-, Vater- oder Elterntag auch deinen Großeltern eine Freude zu machen: vielleicht mit etwas Selbstgemaltem oder Selbstgebasteltem? Dann kannst du sie gleich fragen, wie es war, als deine Mama oder dein Papa so alt waren wie du. Oder du fragst deine Eltern mal, wie es war, als sie noch Kinder waren. Haben sie mit ihren Eltern vielleicht um die gleichen Dinge gestritten? Was hat ihnen Spaß gemacht?

»Du sollst Vater und Mutter ehren«, heißt es in den Zehn Geboten. Sich Zeit zu nehmen für ein gutes Gespräch ehrt Eltern sehr. Das gilt auch für Groß-Eltern!

20. Wochenende: Pfingsten

FREITAG

Pfingsten – ein verlängertes Wochenende, das ist wunderbar. Vielleicht reicht es für einen Kurzurlaub, Besuch bei Großeltern, Anverwandten oder Freunden. Interessant ist, dass viele Menschen nicht genau beschreiben können, was an diesem Pfingst-Wochenende gefeiert wird, unabhängig davon, ob christliche Inhalte zur eigenen Glaubensüberzeugung gehören oder nicht.

In den ersten Jahrhunderten des Christentums wurden gemeinsame Formulierungen für die wichtigsten Glaubensüberzeugungen entwickelt. In Konzilien wurde darum gerungen und gestritten, möglichst genaue Worte zu finden für das, was Christinnen und Christen glauben. Und sie waren sich einig, dass christlich glauben heißt, dass »Gott« vielfältig erfahren werden kann. Je nach Situation, Lebensphase und eigener Erfahrung. Man kann nicht festlegen oder vorschreiben, wie Menschen »Gott« erfahren. Vielleicht ist für Sie »Gott« schon spürbar geworden in der Natur, in der Schöpfung, wenn die Sonne aufgeht an einem schönen Sommermorgen. Vielleicht ist »Gott« für Sie spürbar geworden, wenn Sie sich begleitet und behütet erlebten, wenn Sie sagen konnten: »Von guten Mächten wunderbar geborgen, erwarten wir getrost, was kommen mag …« Vielleicht haben Sie »Gott« schon in anderen Menschen entdeckt, in den Menschen um Sie herum, im Gesicht eines Menschen, vielleicht auch bei der Geburt eigener Kinder. Oder vielleicht ist für Sie diese bewegende Kraft ganz wichtig, der »Geist Gottes«, eigentlich müssten wir sagen »die Geistin«, die Lebensspenderin, die Kraft – manchmal ganz leise, manchmal stark spürbar.

Pfingsten erinnert an diese Kraft, die Lebensspenderin, die tröstet und ermutigt, die heilt und erklärt, die wie »ein guter Geist« begleitet. Auch Menschen können »ein guter Geist« sein, möge Ihr langes Wochenende von einem guten Geist geprägt sein.

SAMSTAG

Ein Pfingsterlebnis

Julian fährt in den Pfingstferien zu einem großen Pfadfinderlager. Über 1000 Kinder aus neun europäischen Ländern nehmen daran teil. Er ist schon sehr gespannt, und er freut sich.

Es ist Pfingstsonntag, die Tasche ist gepackt, abends geht es mit dem Bus los. Seine Eltern wollen mit Julian noch den Gottesdienst besuchen und anschließend im Restaurant zum Essen gehen. Julian hört in der Kirche das Pfingst-Evangelium und findet es recht außergewöhnlich: Da kommen die ersten Christen zusammen, sie treffen sich in Jerusalem zur Zeit des jüdischen Erntefestes, und sie erleben etwas, das ihr Leben verändert: Sie werden von Gottes Geist erfüllt. Es kommt ihnen vor wie das Brausen eines gewaltigen Sturmes, wie das Lodern eines mächtigen Feuers. Jeder von ihnen kann die Worte in seiner eigenen Sprache hören, jeder von ihnen versteht, was die Botschaft ist. Schon erstaunlich, wie kann so etwas gehen? Julian hat den Eindruck, dass er das nicht versteht.

Im Pfadfinderlager angekommen treffen die Kinder aus Julians Bus auf französische, italienische, spanische, portugiesische, holländische und schwedische Kinder. Auch Kinder aus Österreich und der Schweiz sind da. Mit ihnen kann sich Julian ganz gut unterhalten, aber teilweise ist es gar nicht so leicht, sich mit den anderen Kindern zu verständigen. Auf Englisch geht es noch am besten, aber Julian ist erst in der fünften Klasse. Über kompliziertere Dinge unterhalten die Kinder sich mithilfe von Händen, Füßen und lustigen Grimassen. Das ist sehr witzig zu beobachten, und es klappt. Am zweiten Abend gibt es ein großes Lagerfeuer. Kinder und Betreuer aus verschiedensten Nationen kommen dazu. Ein Betreuer aus der Schweiz packt eine Gitarre aus, und eine kleine Gruppe fängt an zu singen. Dann kommen zwei Jugendliche aus Portugal mit Trommeln dazu, eine Französin hat eine Geige dabei und spielt mit. Julian sitzt fasziniert da und beobachtet, wie das Singen und Musizieren anwächst und die Stimmung immer ausgelassener und gemeinschaftlicher wird. Schließlich singen sie bekannte Pfadfinder-Lieder und Gassenhauer. Julian ist begeistert, wie all diese verschiedenen Menschen, egal ob sie 11 oder 25 Jahre alt sind, egal aus welchem Land sie kommen, gemeinsam »Kum ba yah« singen, in verschiedenen Sprachen, mit Tanzeinlagen, mit

Klatschen, Trommeln – wirklich schön. Julian lässt das Lied auf sich wirken, schaut in das Feuer um das sich alle versammelt haben, dabei fällt ihm das Pfingst-Evangelium ein und er denkt: Ja, jetzt ist es bei uns Pfingsten geworden!

Habt ihr schon einmal etwas Ähnliches erlebt, wie Julian in der Geschichte? Dass Menschen, die aus verschiedenen Ländern kommen, verschiedene Sprachen sprechen, sich dennoch einig sind und sich gut verstehen?

Ein Gefühl von Gemeinsamkeit oder Gemeinschaft kann Menschen aus verschiedenen Lebenszusammenhängen zu einer Gruppe zusammenfügen, sie fühlen sich dann zusammengehörig. Dieses Gefühl, zusammenzugehören, einander gut zu verstehen und ein gemeinsames Ziel zu haben macht uns stark.

PFINGSTSONNTAG & PFINGSTMONTAG
Der Heilige Geist bei uns

»In unserer Familie herrscht zurzeit aber kein guter Geist. Wir streiten oft und verbreiten untereinander schlechte Stimmung.« Dies lässt sich ändern. Denn mit welchem Geist wir leben, hängt auch mit unserem Glauben an Gott zusammen.

Gott gibt uns den Heiligen Geist in die Familie: Es ist der Geist der Geduld, des gegenseitigen Verständnisses und der Versöhnung, der Geist, einander grundsätzlich wohlgesinnt zu sein und verstehen zu wollen, wie es dem anderen geht und was dahinter steckt, wenn er oder sie so reagiert.

An Pfingsten feiern wir die bahnbrechende Kraft des Heiligen Geistes.

Eine Geschichte kann uns dies nahebringen:

Der kleine Nick hörte von einem geheimnisvollen Weisen mit einem fröhlichen Gesicht, der auf einem Berg wohnte. Mit seiner Mutter besuchte er ihn und stellte ihm die Frage: »Wie soll ich mir das vorstellen, Pfingsten?« Der geheimnisvolle Weise ging mit Nick auf die große Blumenwiese und pflückte eine Pusteblume. Er holte tief, tief Luft und pustete so gut er konnte, mit ganzer Kraft, die vielen kleinen Samenfallschirme der Blume in alle Richtungen.

»Schau her, so ist es, wenn sich eine große Idee in alle Himmelsrichtungen verbreitet. Das ist Pfingsten. So wie damals, als die Freunde und Freundinnen von Jesus seine großen Ideen in alle Welt verbreiteten.«

Ob wir etwas vom Geist der Liebe, der Gerechtigkeit und des Friedens in uns oder in unserer Familie ankommen lassen und umsetzen, hängt von uns ab.

Gott hat uns seinen Heiligen Geist bereits gesandt und sendet ihn uns jeden Tag neu. An Pfingsten feiern wir das große Fest des Heiligen Geistes, der die Welt erneuert, sie herausreißen will aus den Kriegen und dem Hunger, der Naturvernichtung und den Sünden, die menschliches Leben behindern oder gar zerstören.

Wenn wir uns mit dem Heiligen Geist verbünden, werden wir selbst Trägerinnen und Träger des Heiligen Geistes und können etwas von seiner Botschaft in unserer Umgebung ausstrahlen.

21. Wochenende:

Dicke Luft

FREITAG

Streit – natürlich gehört er dazu. Wir wissen, dass es kein Zusammenleben ohne Auseinandersetzung gibt. Dennoch sind sie mühsam, diese Streitereien. In der Antike wurde von den Priestern versucht, Unglückstage vorherzusagen. Solche Tage wurden dann von den Machthabenden, vom Kaiser aus dem Kalender gestrichen, ausgesetzt, weggelassen. Damals war das möglich, weil nur der Kaiser und die Priester den Kalender kannten. Diese Idee aber ist auch für uns heute erfrischend, sie könnte auch für Streittage passen.

Denn es gibt sie bei jedem Menschen, diese mühsamen Tage, an denen wir nicht so recht in Stimmung kommen, an denen manches misslingt und vieles schwerfällt, zumindest mehr Kraft kostet als an anderen Tagen. Es gibt sie, diese Tage, an denen ein Wort das andere gibt, Streit an Punkten entsteht, die wir schon kennen, immer wieder – wegen des Aufräumens oder der Hausaufgaben, wegen mangelnder Beachtung und und und. Schön wäre, solche mühsamen Stunden einfach streichen zu können wie damals in der Antike.

Doch ist das wirklich gut, diese Tage zu streichen? »Konflikt« heißt übersetzt: »zusammentreffen, kämpfen«. Dass Menschen zusammentreffen, dass Menschen sich auseinandersetzen, ihre unterschiedlichen Gefühle, Wünsche, Bedürfnisse miteinander klären müssen, das darf nicht fehlen. »Kämpfen« muss nicht zerstörerisch werden. Wir kämpfen manchmal um ein Anliegen, weil es uns wichtig ist, weil wir andere überzeugen wollen, wir kämpfen manchmal mit allem Nachdruck um einen Menschen, um die Beziehung zu ihm. Miteinander »zusammentreffen« – das braucht unser Zusammenleben, hoffentlich ohne, dass dieses Zusammentreffen im Streit stecken bleibt.

SAMSTAG

Schon wieder Streit!

Simon und Klaus sind in ihrem Zimmer. Sie spielen mit der Holzeisenbahn. Das klappt zunächst ganz gut, aber bald stellen sich die ersten Unstimmigkeiten ein, wie so oft bei den beiden Brüdern. Simon hat immer andere Ideen als Klaus, und jeder von beiden möchte seine eigenen Vorstellungen beim Spielen umsetzen. »Simon, hier muss eine Kurve gebaut werden, dann kann die Eisenbahn unter dem Bett durchfahren, wie durch einen Tunnel!«, sagt Klaus. »Nein, die Kurve muss hier rüber kommen, dann kann der Zug hier am Bücherregal entlang fahren, und da ist doch immer der Bahnhof!«, entgegnet Simon erregt. Klaus schnappt sich die erste gebogene Schiene und will seine Kurve unter dem Bett bauen. Simon versucht seinem Bruder die Schiene aus der Hand zu reißen. »Lass mich!«, schreit Klaus und krallt sich an dem Stück Holz fest. »Gib die Schiene her! Lass jetzt los!«, kreischt Simon.

In diesem Moment kommt der Vater der beiden Streithähne ins Zimmer. Er sieht seine Söhne sich balgend am Boden liegen. »So, jetzt reicht es!«, sagt er bestimmt und trennt die beiden. »In den letzten Tagen habt ihr kein einziges Mal miteinander spielen können, ohne Euch binnen zehn Minuten in den Haaren zu liegen. Ich habe jetzt genug davon. Simon, du gehst in mein Arbeitszimmer, nimm dir was zum Spielen mit. Und du, Klaus, bleibst hier. Wenn ihr nicht miteinander spielen könnt, spielt eben jeder für sich.« »Aber Papa, ich wollte doch auch …«, setzt Simon eine Protestrede an. »Nichts da, keine Diskussion jetzt, und tu, was ich gesagt habe!«, unterbricht sein Vater ihn streng. Seine Laune scheint auf dem Nullpunkt zu sein. Dicke Luft, schlechte Stimmung eben. Also ist heute Widerstand zwecklos.

Jeder der beiden spielt nun allein vor sich hin – irgendwie auch langweilig.

★ Simon und Klaus haben in der Geschichte einen heftigen Konflikt.
Kennt ihr solche Situationen auch?

★ Wie ist es bei euch mit dem Streiten? Streitet ihr auch manchmal?
Oder öfter?

★ Habt ihr euch schon mal überlegt, was die Ursache für euren Streit ist?

★ Kann man Streit auch vermeiden?

★ Wenn ein Streit entstanden ist, wie kann man die Lage wieder in den
Griff bekommen und die Wogen glätten? Wie kann man nach einem
Streit dem anderen entgegenkommen und sich versöhnen?

★ Wie könnte die Geschichte von Simon und Klaus weitergehen?
Wie könnten die beiden ihren Streit beilegen? Überlegt gemeinsam,
wie diese Geschichte zu einem guten Ende kommen könnte.

SONNTAG

Sich versöhnen

Ihr habt gehört, dass den Menschen schon früher gesagt worden ist:
»Du sollst nicht töten! Wenn aber jemand einen anderen tötet, dann soll
er von einem Gericht verurteilt werden.« Ich aber sage euch: Jeder, der
seinem Bruder nur böse ist, soll vor Gericht verurteilt werden. Und wer
zu seinem Bruder sagt: »Du Dummkopf!«, soll auch verurteilt werden. (...)
Wenn du zum Gottesdienst gehst und dir dabei einfällt, dass du Streit
mit deinem Bruder hast, dann lass alles liegen und versöhne dich zuerst
mit deinem Bruder, dann feiere Gottesdienst.«

NACH MATTHÄUS 5,21–24

Aus den 10 Geboten wissen die Menschen, die Jesus zuhören, dass man
nicht lügen, nicht stehlen oder töten soll. Doch nun erklärt er ihnen auch,
dass sie, wenn sie jemanden beschimpfen oder sie mit jemandem streiten,
dafür verurteilt werden sollen.

Ein Streit ist nicht nur nicht schön, wenn wir streiten, dann machen wir
dadurch auch die Beziehung zu einem anderen Menschen kaputt. Manchmal sagen wir deshalb sogar zu jemandem: »Du bist für mich gestorben.«

Sich versöhnen heißt, die Beziehung zum anderen wieder aufzubauen.
Dies ist nicht einfach, es braucht ein Aufeinander-zu-gehen. Deshalb ist ein
wichtiger Schritt zur Versöhnung, dass wir zum anderen hingehen. Wenn
ich mit jemandem spreche, kann ich ihn um Verzeihung bitten und mit
ihm darüber reden, wie es weitergehen kann.

Versöhnung ist wichtig, weil ein Streit mit einem anderen Menschen
auch unsere Beziehung zu Gott belastet. Im Gottesdienst feiern wir unsere
Beziehung zu Gott, die können wir nur feiern, wenn unsere Beziehungen
zu den anderen Menschen nicht wegen eines Streits kaputt sind.

★ Hat euch schon einmal jemand sehr mit Taten oder Worten verletzt?
   Wie hat sich das angefühlt? Habt ihr euch wieder versöhnt? Wie?
★ Gibt es jemanden, mit dem ihr euch versöhnen wollt? Welchen ersten
   Schritt könntet ihr machen? Wie könnte es weitergehen?

Juni

Im Juni liegt der Tag der sogenannten Sommersonnenwende, der Tag, an dem die Erde in besonderer Weise zur Sonne steht (die Sonne hat am Mittag ihren höchsten Stand) und der Tag somit besonders lang ist. Ab diesem Zeitpunkt, dies ist meist der 21. Juni, werden die Tage dann auch schon wieder kürzer, da die Erde sich weiter dreht und die Ellipsenform der Erdumlaufbahn und die schräge Achse der Erde bewirken, dass die Nordhalbkugel wieder weiter von der Sonne wegwandert. Alles ganz schön kompliziert, aber das Wichtigste ist jetzt erst einmal: Der Sommer beginnt!

Welche Aktivitäten, Ideen und Basteltipps euch in diesem Monat erwarten, seht ihr hier:

★ Wir feiern Geburtstag – Ein besonderer Tag im Jahr
★ Feuer am Johannestag – Feuer als besonderes Zeichen
★ Wir haben Besuch – Wenn der Besuch doch anders wird als erwartet
★ Nicht mit mir – Sich wehren mit Worten
★ Melodien – Die eigene Melodie finden

22. Wochenende:
Wir feiern Geburtstag

FREITAG

Einmal im Jahr feiern wir etwas Besonderes: Wir feiern die Freude über uns selbst und über Menschen, die wir gerne haben. Wir feiern: Schön, dass du da bist.

Vielleicht ist Ihnen dieser Gedanke in der vergangenen Woche auch ohne Geburtstag in den Sinn gekommen: Schön, dass du da bist! Schön, dass du auf der Welt bist! Alltag heißt ja meist, die anstehenden Aufgaben erfüllen, tun was zu tun ist, funktionieren. Und nun ein solcher Gedanke. Sich öfters mal an den Geburtstag erinnern: Es ist ein Fest wert, dass es mich gibt. Es ist ein Fest wert, dass es dich gibt.

In einem Gebet aus dem »Geistlichen Tagebuch« von Papst Johannes XXIII., diesem herzlichen Papst, der das II. Vatikanische Konzil ermöglichte, findet er folgende Worte: »Nur für heute« – so heißt sein Gebet.

Nur für heute werde ich mich bemühen, den Tag zu erleben, ohne das Problem meines Lebens auf einmal lösen zu wollen. Nur für heute werde ich nicht danach streben, die anderen zu kritisieren oder zu verbessern – nur mich selbst. Nur für heute werde ich in der Gewissheit glücklich sein, dass ich für das Glück geschaffen bin. Nur für heute werde ich eine gute Tat vollbringen. ... Nur für heute werde ich keine Angst haben. ... Ich will mich nicht entmutigen lassen durch den Gedanken, ich müsste dies alles mein ganzes Leben durchhalten. Nur für heute ...!

»Nur für heute« – dieser Gedanke will uns ansprechen, gerade rund um Geburtstage: Wir müssen uns nichts vornehmen, was wir alles ändern werden, wir können uns freuen, dass es uns gibt und dass wir für das Glück geschaffen sind – »Nur für heute ...«.

SAMSTAG

Gedanken zum Geburtstag

Der Geburtstag ist für Kinder ein Ereignis, das sie wie fast kein anderes herbeisehnen. Es ist ein Tag, an dem sie von morgens bis abends im Mittelpunkt stehen, an dem ihre Wünsche erfüllt werden, an dem sie gefeiert werden:

Morgens mit dem Bewusstsein aufzuwachen: »Das ist jetzt *mein Tag*!«, ist ein wunderbarer Tagesbeginn.

Die Eltern und Geschwister gratulieren, das Telefon klingelt, es gibt weitere Gratulationen und Geschenke: oftmals Dinge, die sich das Kind schon einige Zeit sehnlichst gewünscht hat.

Zum Essen gibt es vielleicht etwas, was sich das Geburtstagskind gewünscht hat, eine Lieblingsspeise. Oder die Familie geht ins Restaurant zum festlichen Essen.

Es findet in vielen Familien eine Geburtstagsparty statt, zu der die Familie oder Freunde des Kindes eingeladen sind, und dann gibt es Kuchen, Lieder, Geschenke. Spiele werden gemeinsam gespielt, die Zeit vergeht wie im Flug.

Abends, nach einem erfüllten Feier-Tag, liegen viele Kinder müde und glücklich im Bett und denken sich: Schade, dass der Geburtstag nur einmal im Jahr ist. Wäre ein solches Fest jedoch öfter, würde es wohl etwas von seinem Reiz einbüßen – der Jahrestag der Geburt kommt eben in jedem Jahr nur einmal vor.

Die Erwachsenen sind teilweise etwas verhaltener mit dem Geburtstag. Manche feiern ihn ausgelassen und unbeschwert, wie wir das von Kindern kennen. Andere feiern kaum oder fahren sogar weg, um dem Geburtstag irgendwie zu entgehen, schließlich wollen sie nicht daran erinnert werden, dass sie wieder ein Jahr älter geworden sind.

Der Geburtstag ist ein persönliches Jubiläum. Es ist lohnenswert, sich daran zu erinnern, dass das Geburtstagskind genau an diesem Tag (nur einige Jahre früher) das Licht der Welt erblicken durfte. Geburtstag ist ein Grund dankbar zu sein, für das Leben, das wir seither führen durften. Wir können uns der vielen guten Momente erinnern. Vielleicht ist es auch gerade am Geburtstag interessant, Fotos aus dem bisherigen Leben anzuschauen. Diese Auseinandersetzung mit dem eigenen Leben hat auch spirituelle Qualität.

Sich selbst zu feiern mag vielleicht für einige Menschen etwas unbescheiden klingen, aber sich des eigenen Lebens freuen zu können, und das Leben zu feiern, ist doch etwas sehr Positives.

★ Wie feiert ihr in eurer Familie Geburtstag?
★ Wer ist eingeladen und wie wird der Tag geplant? Welche Rituale habt ihr in der Familie?
★ Was wünschen sich die jüngeren und älteren Geburtstagskinder in eurer Familie?

Guter Gott,
ich danke dir dafür,
dass ich geboren bin.
Ich danke dir
für die vielen schönen Momente,
die ich in meinem Leben
bisher erleben durfte.
Ich freue mich über all das,
was du für mich in meinem
zukünftigen Leben
noch für mich bereithältst.
Mein Leben ist vielfältig,
manchmal ist es wunderbar und leicht,
dann wieder ist es schwierig und herausfordernd.
All das gehört zum Leben dazu.
Guter Gott,
lass mich mein Leben in dieser Vielfalt dankbar annehmen,
und mich mit Freude und Mut den Herausforderungen meines Lebens stellen,
damit ich am Ende dankbar auf ein glückliches Leben zurückblicken kann.
Amen.

SONNTAG

Der Tag meines Lebens

Es geht um unser Leben, wenn wir Geburtstag feiern.

Es geht auch um unsere Eltern, um Vater und Mutter, ohne die wir nicht auf dieser Welt wären.

Unsere Eltern haben Eltern, diese wiederum hatten auch Eltern usw. Wir könnten diese Kette ewig lang weiterdenken, doch kommen wir irgendwann auch zu der Frage, wer am Anfang des Lebens steht.

Gott ist der Schöpfer der Welt und allen Lebens. Wenn wir jedes Jahr neu unseren Geburtstag feiern, lohnt es sich, inne zu halten und darüber nachzudenken, dass es nicht selbstverständlich ist, auf der Welt zu sein.

Geburtstag feiern meint deshalb auch, dankbar zu sein für die Möglichkeit, überhaupt zu leben.

Es heißt, dankbar zu sein für Gottes Liebe und die Liebe unserer Eltern – und all derer, die uns im Leben helfen.

Deswegen laden wir Freunde ein, mit uns zu feiern. Freunde, die für unser Leben wichtig sind und die es mit uns gemeinsam leben.

Die Geschenke zum Geburtstag sind Liebesgrüße, sie zeigen uns: Ich denke an dich. Du bist mir wichtig. Ich möchte dir eine Freude machen.

Gott,
du bist der Schöpfer der Welt.
Ich danke dir, dass meine Eltern mich ins Leben gerufen
haben und mich im Leben begleiten.
Ich danke dir für meine Freunde und für meine Familie,
die mit mir Geburtstag feiern.
Ich danke dir, dass du mir als Schöpfer der Welt mein
Leben ermöglicht hast.
Amen.

23. Wochenende:
Feuer am Johannestag

FREITAG

So schnell geht die Zeit dahin, schon werden die Tage wieder kürzer, auch wenn der Sommer noch vor der Tür steht. An Orten nördlich des nördlichen Wendekreises ist rund um den 21. Juni Sommersonnenwende (auch Sommersonnwende genannt), die Sonne hat an diesem Tag ihren mittäglichen Höchststand über dem Horizont. Der Tag macht deutlich: Wir sind schon wieder fast in der Mitte des Jahres, so schnell vergeht die Zeit.

Seit jeher feiern Menschen solche Übergänge, weil sie helfen, dem Lauf der Zeit eine Struktur zu geben, weil sie helfen, Ängste rund um Übergänge zu reduzieren und Sicherheit zu geben. Feuer in seiner ganzen Ambivalenz hilft am Übergang: Es spendet Wärme und Energie, kann aber auch gefährlich und zerstörerisch sein. Vielleicht gibt es in Ihrer Region am 21. Juni Johannes- oder Sonnwendfeuer?

In der Hälfte des Kalenderjahres, am Beginn des Sommers können wir noch etwas anderes bedenken: Kennen Sie das Kinderbuch »Frederick«? Die Maus Frederick ist ein Außenseiter. Während alle anderen Mäuse den Sommer über fleißig Vorräte für den Winter sammeln, sitzt Frederick scheinbar tatenlos und faul in der Sonne. Im Winter, als die Nahrung der Mäuse aufgebraucht ist, und die Mäuse ihn vorwurfsvoll nach seinen gesammelten Vorräten fragen, packt Frederick seine »Vorräte« aus: Mit Sonnenstrahlen, bunten Farben und Worten, die er im Sommer eingefangen hat, kann er jetzt im kalten, dunklen Winter den anderen Mäusen Wärme und Freude vermitteln.

Nehmen Sie diese Gedanken am Beginn des Sommers an Frederick mit in dieses Wochenende: Bilder sammeln, Bilder nach innen nehmen von all dem, was für Sie schön und anregend ist, damit Sie Farben, Geschichten, Bilder, damit Sie Sonnenstrahlen und Feuer haben für die kargen Tage.

SAMSTAG

Sonnwendfeuer – ein besonderes Feuer!

In den Nächten um die Sommersonnenwende, die am 21. Juni stattfindet, ist es in Teilen Deutschlands und Österreichs Brauch, ein großes Feuer abzubrennen. Dieses Fest gibt es schon sehr lange, ursprünglich war das ein heidnischer Brauch, verbunden mit Reinigungs- und Fruchtbarkeitsriten. Die jungen Männer sprangen dann zum Beispiel über das Feuer. Das war nicht nur eine Mutprobe, sondern ein Hinweis auf die Heiratsfähigkeit – oft bedeutete der Sprung über das Feuer eine baldige Hochzeit. Die Menschen tanzten auch um das Feuer, was sie vor bösen Geistern beschützen sollte.

Im Mittelalter versuchte dann die Kirche, diesen heidnischen Brauch in ein christliches Fest umzuwandeln, zu Ehren des heiligen Johannes. Am 24. Juni, also genau sechs Monate vor der Geburt Jesu, ist der Geburtstag des heiligen Johannes des Täufers.

Der heilige Johannes war ein bekannter Prediger, von dem sich viele Menschen im Wasser des Jordan taufen ließen. Auch Jesus wurde von ihm im Alter von etwa 30 Jahren getauft. In der Bibel wird erzählt, dass Johannes sich anfangs sträubte, Jesus zu taufen. Er sagte zu Jesus: »Ich müsste von dir getauft werden, und du kommst zu mir?« (Matthäus 3,14). Schließlich taufte Johannes Jesus im Jordan. Kaum war Jesus getauft und aus dem Wasser gestiegen, da öffnete sich der Himmel und er sah Gottes Geist wie eine Taube auf sich herabkommen (Matthäus 16).

Häufig wird das Johannisfeuer auf Bergen abgebrannt, von weitem ist es dann gut zu sehen. Das Feuer symbolisiert die Sonne und damit Christus. Johannes der Täufer sagte: »Ich taufe euch nur mit Wasser zum Zeichen der Umkehr. Der aber, der nach mir kommt«, und damit meinte er Jesus Christus, »ist stärker als ich und ich bin es nicht wert, ihm die Schuhe auszuziehen. Er wird euch mit dem Heiligen Geist und mit Feuer taufen« (Matthäus 3,11).

Wird in eurer Nähe auch ein Sonnwend- oder Johannisfeuer abgebrannt? Erkundigt euch, vielleicht habt ihr die Gelegenheit mit eurer Familie dabei zu sein. Es ist schon ein besonderes Erlebnis, in einer milden Sommernacht ein riesiges Feuer abzubrennen und ein Fest zu feiern, das schon vor tausenden Jahren von den Menschen gefeiert wurde.

Nehmt eine Bibel zur Hand und lest gemeinsam die Bibelstelle Matthäus 3,1–17.

★ Wie wirkt dieser Text auf euch?
★ Was hättet ihr wohl gedacht, wenn ihr damals Zeugen dieser Taufe gewesen wärt?

SONNTAG

Feuer – Gottes Geheimnis

Mose hat Gott im Feuer des brennenden Dornbuschs erfahren (Exodus 3). Er hat sich dem Feuer, das nicht aufgehört hat zu brennen, genähert. Gott sagte zu ihm: »Ich bin dein Gott, der für dich da ist.«

Auf den religiösen Wegen wurde mit dem Zeichen des Feuers und durch Feuerrituale auch immer das Geheimnis Gottes erlebt. Dies sollte verdeutlichen:

Gott gibt uns Feuer für unser Leben. Er ist wie wärmendes Kaminfeuer. Er ist aber auch das Feuer, das die Nacht erhellt.

Bei den Ritualen der Sonnenwende erleben dies viele Menschen: Jetzt werden die Tage kürzer und die Nächte länger. Von der Herrlichkeit und dem Licht des längsten Tages des Jahres nehmen wir das Feuer mit ins nächste Jahr. Es soll uns begleiten und sein Licht soll uns nicht fehlen.

Manche sehen im Sonnenwendfeuer einen neuheidnischen Kult. Doch es kommt darauf an, welche Bedeutung wir diesem Feuer geben. Nicht umsonst hat das Christentum diesen Tag »Johannes-Tag« genannt. Wie so oft wurden Rituale aus früheren Religionen im Christentum neu gedeutet. Die Wahrnehmung des Christentums bekommt in einem solchen Ritual des Feuers auch sinnlichen Ausdruck.

Wir haben Besuch

FREITAG

Ein ganzes Wochenende liegt vor Ihnen. Sie freuen sich vielleicht auf das Ausschlafen, Einkaufen ist noch wichtig, zu Fuß oder mit dem Fahrrad eine Tour zu machen. Sie freuen sich auf diese selbstgestaltete Zeit. Und dann – ein Anruf: Freunde fragen nach, ob Sie zu Hause seien, sie seien gerade in der Nähe, sie würden Sie gerne über's Wochenende besuchen. Ach – vielleicht kennen Sie das. Jetzt ist jede Antwort falsch. Den Besuch abzulehnen, entspricht nicht der Erwartung, die wir an die Freundschaft haben, nämlich füreinander Zeit zu haben, es ist ja auch schön, sich zu sehen. Umgekehrt ist auch die Vorstellung, am Wochenende kaum Zeit für sich und die Familie zu haben.

Es ist wunderbar, Freunde zu haben, aber es braucht auch den Mut, die Besuche mit zu steuern. Manchmal ist das ganz einfach, wenn ich Verwandte oder Freunde einladen kann für einen bestimmten Zeitpunkt, wenn wir uns alle freuen, uns am Samstagabend zu sehen. Manchmal aber braucht es Mut zu sagen, wir freuen uns, wenn ihr kommt, aber es geht bei uns nur am Samstag oder nur am Sonntag – oder wie auch immer. Als Familie brauchen wir Verwandte und Freunde, wir brauchen Menschen, die zu uns zu Besuch kommen – sie öffnen unser Haus und unseren Blick und unser Herz. Aber wir müssen – manchmal mit Finderspitzengefühl – auch sagen, wann ein Besuch für uns passend ist, und wann es einfach nicht passend und für uns nicht gut ist. Mögen Sie an diesem Wochenende erfreuliche, anregende Besuche haben – und zugleich ein bisschen Zeit für sich selbst.

SAMSTAG

Was für eine Überraschung

Frau Jansen legt das Telefon weg. Sie schwankt zwischen Freude und Enttäuschung, ein gewisses Gefühl von Stress mischt sich auch darunter.

Was passiert ist? Ihre Tante aus Italien hat gerade angerufen und ihren Besuch für das kommende Wochenende angesagt. Sie kommt für eine Woche nach Deutschland, und möchte mit ihrem Lebensgefährten Giulio eine Nacht bei Familie Jansen verbringen. »Solo se é possibile«, also »nur, wenn es möglich ist«, hat Tante Valentina gesagt und am Telefon gelacht. Und Frau Jansen hat versichert, dass es kein Problem wäre, dass sie sich freut, und hat wider besseres Wissen spontan zugesagt. Und jetzt sitzt sie da. Eigentlich passt es gerade überhaupt nicht. Sie hat mit ihrem Mann geplant, das Erdgeschoss im Haus neu zu streichen. Die Farbeimer in »Melone« stehen bereits in der Garage, eine große Rolle Abdeckfolie und Klebestreifen liegen daneben. Außerdem wollte Frau Jansens Mann am Samstag nach neuen Möbeln für das Gästezimmer schauen, seit zwei Stunden weiß sie nun auch, dass Julia am Montag eine Mathearbeit schreibt, für die sie noch dringend lernen muss – Gleichungen mit sechs Unbekannten sind nun mal nicht Julias Stärke – und Ben kam heute mit einem Platten an seinem Rad nach Hause. Oh Herr, wie das alles unter einen Hut bekommen?

Frau Jansen ist ratlos – sie macht sich erst mal einen starken Espresso.

Klar, Frau Jansens Mann war nun nicht übermäßig begeistert von der Gesamtsituation, der Planung für das kommende Wochenende, aber nach einigem Hin und Her beschließen sie gemeinsam, das Beste daraus zu machen.

Und sind total überrascht: Der Besuch kommt pünktlich Freitagabend um 19:00 Uhr zum gemeinsamen Abendessen an, und ist überaus begeistert von diesem »Leben«, das hier herrscht: Noch am Freitag, nach dem Abendessen, erklärt Giulio: »La vita qui é como en Italia!!!«, das Leben hier in Deutschland erscheint ihm also recht italienisch. Er setzt sich nach seinem Espresso mit Julia an den Tisch, aus den sechs Unbekannten in der Gleichung wird ein spannender Krimi. Giulio ist scheinbar ein Experte auf dem Gebiet, und Julia gewinnt langsam Spaß an der Sache, sie lernen bis fast elf Uhr nachts miteinander, lösen eine Aufgabe nach der anderen – Frau Jansen hat ihre Tochter kaum so entspannt bei Mathe erlebt.

Am Samstag helfen alle mit, Tante Valentina, Giulio, Frau Jansen und ihr Mann, auch Ben und Julia machen mit. Schon kurz nach Mittag ist das Erdgeschoss neu gemalert und alle lassen sich die Pizzen schmecken, die Herr Jansen beim Pizzaservice geordert hat. Was für ein Erfolg! Nach einer kurzen Erholungspause repariert Giulio mit Ben gemeinsam das Fahrrad, Julia fährt mit Valentina und Frau Jansen in den Möbelmarkt.

Am Abend sitzen sie zusammen auf der Veranda. Es ist unglaublich, was sie gemeinsam geschafft haben! Alle sind zufrieden. Valentina und Giulio haben spontan ihr Hotel storniert und bleiben noch eine weitere Nacht, um den Erfolg des Tages gemeinsam einen Abend lang zu feiern. Herr Jansen nimmt seine Frau in den Arm. »Was für eine angenehme Überraschung, dass die beiden gekommen sind«, sagt er. »Manchmal ist es doch wirklich unglaublich, was Familie und Freunde gemeinsam in kurzer Zeit schaffen können! Und wir hatten beim Arbeiten so viel Spaß zusammen! Ich bin so glücklich! Du auch?« »Ja, ich bin auch glücklich. Müde, zufrieden, und sehr glücklich«, erwidert Frau Jansen.

Bei der Verabschiedung am Sonntagmorgen meint Herr Jansen zu seinen Gästen: »Ihr seid herzlich eingeladen, mal wieder zu kommen! So ein arbeitsreiches und gleichzeitig entspannendes Wochenende hatten wir lange nicht! Vielen Dank für alles!«

Sprecht über die Geschichte:

★ Was war die Ausgangssituation der Geschichte?
★ Warum hat Frau Jansen wohl den Besuch trotz der vielen Vorhaben eingeladen?
★ Warum hat das Wochenende mit Besuch trotz der vielen Arbeit so gut geklappt?
★ Wie hat sich Familie Jansen wohl gefühlt?
★ Wie haben sich Giulio und Valentina vielleicht gefühlt? Warum haben sie geholfen?
★ Habt ihr schon einmal etwas Ähnliches erlebt? Erzählt einander davon.

SONNTAG

Gastfreundschaft

Jesus und seine Jünger kamen in ein Dorf. Dort konnten sie bei einer Frau, die Marta hieß, wohnen. Dort wohnte auch Martas Schwester Maria. Bei Marta zu Hause erzählte Jesus, und Maria setzte sich vor Jesus hin und hörte ihm zu. Marta aber war ganz damit beschäftigt, für Jesus zu sorgen. Deshalb fragte Marta Jesus: »Jesus, macht es dir nichts aus, dass meine Schwester mich die ganze Arbeit machen lässt? Sag ihr doch, sie soll mir helfen!« Jesus antwortete ihr: »Marta, Marta, du machst dir viele Sorgen und Mühen. Aber nur eines ist notwendig. Maria hat das Bessere gewählt, das soll ihr nicht genommen werden.«

NACH LUKAS 10,38–42

Gastfreundschaft ist eine Form, Nächstenliebe zu zeigen: Wir laden andere zu uns ein und teilen unser Essen und unser Heim mit ihnen. Warum also sagt Jesus nicht zu Maria, dass sie Marta helfen soll? Warum hält er zu Maria, die Marta die ganze Arbeit alleine machen lässt?

Um die Geschichte besser zu verstehen, hilft es, nochmal genau zu lesen, was Jesus zu Marta sagt: »Marta, Marta, du machst dir viele Sorgen und Mühen. Aber nur eines ist notwendig. Maria hat das Bessere gewählt, das soll ihr nicht genommen werden.« Jesus sieht, dass Marta sich sorgt und müht. Das sagt er ihr auch: »Marta, Marta, du machst dir viele Sorgen und Mühen.« Und er sagt nicht, dass das schlecht ist. Aber er sagt, dass etwas anderes notwendig und besser wäre. Und dass Maria dieses andere tut. Und dass niemand Maria dieses andere nehmen soll.

Was ist das andere, das Maria tut? Sie hört Jesus zu. Und indem sie zuhört, gibt sie Jesus ihre Anwesenheit und ganze Aufmerksamkeit.

Gastfreundschaft ist es auch, aufmerksam für seine Gäste zu sein und sich Zeit für sie zu nehmen. Das macht Maria.

★ Wie ist das bei euch, wenn ihr Gäste habt? Seid ihr eher wie Marta oder eher wie Maria?

★ Ist Jesus manchmal auch bei euch zu Gast? Wann?

25. Wochenende:
Nicht mit mir!

FREITAG

Schon wieder eine Woche vorbei! Eine anstrengende Woche – eine geruhsame Woche? Unabhängig davon sind wir gefordert, egal in welchen Aufgaben wir stecken, immer wieder Grenzen zu setzen, zu entscheiden, was wir zulassen, was wir uns nicht gefallen lassen.

In der christlichen Tradition ist es ein wichtiger Gedanke, wenigstens probehalber, für einen Moment, die Welt aus Sicht des Glaubens zu sehen – ganz konkret. Dies kann z. B. beim Einkaufen sein. Eine Szene, die Ihnen vielleicht bekannt vorkommen mag: Sowieso schon zeitlich knapp dran, endlich bin ich beim Brot die Nächste in der Reihe, da kommt ein Mann von der anderen Seite heran, ignoriert mich, und – bevor ich es realisiere – gibt er schon seinen Einkauf kund, nimmt verschiedene Brote, bis er endlich wieder abrauscht. In mir kocht es, bin ich für ihn, bin ich für die Verkäuferin unsichtbar? So ein Platzhirsch, und es kommen mir noch ganz andere Schimpfworte in den Sinn. Doch während mein Ärger immer größer wird, fällt mir plötzlich ein: Auch so ein Typ ist »dein Bruder«, genau genommen, ist auch er ein »Kind Gottes«.

Diese Szene soll uns bewusst machen, dass wir uns daran erinnern, dass wir Menschen einander Geschwister sind, auch an Tankstellen, Supermärkten, im Straßenverkehr. Es gibt viele Anlässe z. B. bei der Arbeit, mit Kolleginnen und Kollegen, bei Nachbarn und auch im privaten Umfeld. Da ist »Bruder Hobbygriller«, dessen Grillrauch ständig zu meinem Fenster hereinzieht, »Schwester Parkplatz-Klauerin«, die mir genau vor der Nase den letzten Parkplatz wegnimmt, »neuer Chef – auch Gottes Kind«, um mich daran zu erinnern.

Gehen Sie an diesem Wochenende mit offenen Augen auf Ihre Mitmenschen zu und denken Sie daran: Einfach mal die Perspektive wechseln.

SAMSTAG

Jonas und der große Junge

Jonas geht in die erste Klasse. Eigentlich ist alles gut, er hat einige Kinder in seiner Klasse, die er auch schon aus dem Kindergarten kennt, seine Lehrerin ist sehr nett, und er versteht die Aufgaben, die ihm gestellt werden. Alles gut. Oder besser gesagt: fast gut. Denn eine Sache macht Jonas' Bauchschmerzen. In der großen Pause, wenn alle Kinder in den Pausenhof gehen, ärgert ihn seit einigen Tagen ein großer Junge. Er geht in die dritte oder vierte Klasse, so genau weiß Jonas das nicht. Dieser Junge kommt immer in Jonas' Nähe, verspottet ihn, weil Jonas so klein ist – er ist wirklich der Drittkleinste in der ganzen Klasse! – und er schubst ihn an der Treppe manchmal, wenn sie nebeneinander hoch gehen. Jonas ist das Ganze total unangenehm, peinlich irgendwie. Aber es macht ihm auch Angst. Was, wenn er wirklich mal über die Steintreppe fällt?

Einige Wochen spricht Jonas mit niemandem über seine Sorgen. Aber eines Tages spricht seine Mutter beim Abendessen mit ihm: »Jonas, du kannst jetzt zwar behaupten, dass alles in Ordnung ist, aber ich weiß, dass dich etwas bedrückt. Du sprichst nachts im Schlaf, schwitzt und schläfst unruhig, du bist nervös und irgendwie anders als sonst. Und ich mache mir echt Sorgen. Rede doch mit mir. Was ist denn passiert? Kann ich dir vielleicht helfen?«

Lange ringt Jonas mit sich, schließlich vertraut er seine Ängste seiner Mutter an, erzählt alles, was passiert ist. Jonas fällt wieder einmal auf, wie gut sie zuhören kann; sie redet nicht gleich dazwischen, sondern hört echt zu, und sie sieht dabei ernst aus, so, als würde sie nachdenken. Jonas fühlt sich ganz angenommen und merkt, wie wichtig er und seine Sorgen für seine Mutter sind.

Sie sagt auch nicht viel, nachdem Jonas seine Geschichte fertig erzählt hat, sondern sie fragt nach: »Was glaubst du, kann die Situation verbessern? Wie kannst du dich verhalten, damit dich dieser Junge in Ruhe lässt? Würde es helfen, wenn du mit deiner Lehrerin redest? Gibt es jemanden in deiner Klasse, der dir eine Hilfe sein kann?« Jonas denkt nach.

»Weißt du«, sagt seine Mutter, »es ist nicht richtig, wenn einer einen anderen ärgert, oder gar schlägt, aber zurück zu ärgern oder zurück zu schlagen ist keine Lösung. Dann wird es nur schlimmer. Vielleicht könntest du dem Jungen sagen, dass dich sein Verhalten stört?«

Jonas stutzt. So was Einfaches hat er sich noch gar nicht überlegt. Aber kann das denn helfen? Auf einen Versuch kommt es wohl an.

Am nächsten Tag, als der große Junge Jonas wieder anrempelt, dreht sich Jonas um, schaut dem Jungen fest in die Augen (und der Junge sieht gottseidank nicht, wie aufgeregt Jonas Herz pocht!) und sagt mit fester Stimme (die nur ein klein wenig zittert, wenn man genau hinhört): »Ich mag das gar nicht, wenn du mich immer anrempelst! Und wenn du mich an der Treppe schubst! Und wenn du mich nachäffst! Mich stört das. Lass das bitte bleiben, okay?«

Der große Junge schaut Jonas erstaunt, ja richtig überrascht an. Er hält inne. Er mustert Jonas von oben bis unten. Jonas findet das unheimlich. Ob der große Junge ihn jetzt wohl verhauen wird? Dann sagt der Junge plötzlich: »Du bist echt cool, traust dich, mir das einfach so ins Gesicht zu sagen! Okay, sorry. Ich weiß auch nicht …« Er streckt Jonas die Hand entgegen und sagt: »Friede … okay? Ich bin der Benny. Und wie heißt du?«

★ Wie wirkt diese Geschichte auf euch?
★ Habt ihr schon einmal etwas Ähnliches erlebt wie Jonas?
★ Erzählt von euren Erfahrungen, und wie ihr es geschafft habt, euch durchzusetzen, euch nicht klein machen zu lassen.

Für die Erwachsenen:

★ Wie finden Sie das Verhalten von Jonas' Mutter im Gespräch mit ihrem Sohn?
★ Wie wirkt ihr Gesprächsverhalten auf die Kommunikation zwischen Mutter und Kind?

SONNTAG

Lernen sich zu wehren

Meine Oma sagte immer zu mir: »Wenn sie dich schlagen, darfst du nicht zurückschlagen. Jesus hat sich auch schlagen lassen und hat nicht zurückgeschlagen.«

Als ich in die Grundschule kam, hat sich dann schnell herumgesprochen, dass man den kleinen Albert schlagen kann und er nicht mal zurückschlägt. Dies habe ich einige Wochen mitgemacht, bis meine Klassenkameraden mir auf dem Heimweg von der Schule die Mütze vom Kopf gerissen und in den Fluss geworfen haben. In diesem Moment war ich so wütend, dass ich zurückgeschlagen habe. Danach ging es mir aber nicht besser.

Wir tun gut daran, das Gebot der Gottes- und Nächstenliebe, das uns Jesus als etwas sehr Wichtiges vorgelebt hat, konsequent umzusetzen. Wer aber nur die anderen liebt und sich selbst vergisst, der erfüllt das Gebot der Nächstenliebe nicht. Denn Jesus sagte deutlich: »Du sollst deinen Nächsten lieben *wie dich selbst*« (Markus 12,31).

Es geht um einen Ausgleich zwischen Selbstliebe und Nächstenliebe. Sich durchzusetzen kann man lernen. Sich mit Worten, durch Diskussionen und Abgrenzung durchzusetzen, ist ein anderer Weg als mit der Faust.

Michael deutet, als Antowrt auf die Frage seiner Erzieherin: »Michael, was ist für dich ein starkes Kind?«, heftig mit der Hand auf seinen Oberarm und sagt: »Nicht hier«, und dann auf seinen Kopf, »sondern hier!«

Eine Lösung des Konflikts gelingt eben nicht, indem man einfach zuschlägt, sondern indem man darüber nachdenkt und das Gespräch sucht.

26. Wochenende:

Melodien

FREITAG

An manchen Tagen fliegen sie einem regelrecht zu: Melodien, manchmal auch als »Ohrwurm« bezeichnet. Wir hören im Radio ein Lied, im Kaufhaus, auf der Straße, und die Melodie lässt uns nicht mehr los. Es gibt Lieder, die wir mit besonderen Situationen verbinden, Lieder, die uns begleiten und zu unserem Lieblingslied werden, jedenfalls eine Zeitlang. Gibt es Lieder, die Ihr Herz berühren, die Sie an schöne oder traurige Stunden erinnern? Was ist Ihr Lieblingslied? Können Sie es singen, summen oder pfeifen? In manchen Familien ist es Tradition, vor dem Einschlafen gemeinsam zu singen, oder beim Autofahren, im Advent und zum Geburtstag. Musik kann Stress abbauen, Kummer lösen, Trauer begleiten, Freude schenken, Herzen anrühren und und und.

Vor einigen Jahren hat der Film »Wie im Himmel« weit über eine Million Menschen ins Kino gelockt. »Wie im Himmel« erzählt von einem weltberühmten Dirigenten, der nach einem schweren Kollaps in sein schwedisches Heimatdorf zurückkehrt, um sich von der Welt zurückzuziehen. Aber er wird Kantor in der kleinen Gemeinde – und entdeckt die Musik neu. Mit ihr entdeckt er die Menschen, ihre Sorgen, ihre Nöte, und ihre Herzen. Er wird glücklich »wie im Himmel«, denn die Musik bringt ihn zurück zu den Menschen, zurück zum Leben.

Kinder folgen ihrer eigenen »Melodie des Lebens«, wenn sie mit sich und der Welt zufrieden sind, im Spiel, in der Natur, beim Lesen eines Buches, beim Musikhören oder beim Musikmachen. Im Laufe unseres Lebens kann es aber passieren, dass wir die »Melodie unseres Lebens« zugedeckt oder verloren haben. Überlegen Sie doch einmal: Wann waren Sie das letzte Mal zufrieden? Wann haben Sie sich Zeit genommen für sich? Vielleicht gelingt es Ihnen ja an diesem Wochenende, Ihre »Melodie des Lebens« zu finden, wieder zu finden.

SAMSTAG:

Musik liegt in der Luft

Lilo liegt im Bett. Sie hat Ferien. Trotzdem fängt der Radiowecker pünktlich um acht an zu dudeln. Lilos Lieblingssender, mit genau der Musik, die sie so liebt. Sie wälzt sich noch ein bisschen in den warmen Federn, dann steht sie auf, ihre Hüften schwingen im Takt, als sie sich vor den offenen Kleiderschrank stellt und überlegt, was sie anziehen soll. Sie dreht die Musik lauter, damit sie das Lied auch im Bad noch hören kann. Beim Zähneputzen tanzt Lilo gut gelaunt mit.

Marie sitzt im Auto. Stau auf der Autobahn. Nichts geht mehr. Na toll. Sie dreht genervt am Radio herum, findet einen Sender, der ihren Lieblingssong spielt. Laut singt sie das Lied mit. Schon besser. Neben ihr steht ein blaues Cabrio im Stau. Der Fahrer lacht zu Marie herüber, deutet ihr, sie solle ihr Fenster öffnen. Maria denkt: »Was will der denn jetzt?«, und lässt das Fenster dennoch runter. »Das ist wirklich gute Musik, oder?«, ruft ihr der Mann auf der linken Spur entgegen. »Da wird sogar der Stau erträglich!« »Ja, stimmt«, ruft Marie zurück. Beide singen laut lachend mit und schon ist alles gar nicht mehr so ärgerlich.

Evi kommt gerade aus der Chorprobe. Sie haben heute ein neues Lied gelernt, ein afrikanisches. Sogar mehrstimmig haben sie das heute schon gesungen. Mit Trommeln, das war echt ein mitreißender Rhythmus! Evi kriegt die Melodie nicht mehr aus dem Ohr. Summend und wippend geht sie durch die Straßen auf dem Weg nach Hause. Das Lied macht richtig gute Laune.

Daniel und Lea sitzen im Wohnzimmer. Sie besprechen, was in den nächsten Tagen so ansteht. Das Radio dudelt vor sich hin, plötzlich, mitten im Gespräch, springt Daniel auf, dreht das Radio lauter und Lea merkt: »Wow, das ist ja unser Lieblingslied!« Daniel streckt Lea einladend die Arme entgegen, und die beiden tanzen in ihrem Wohnzimmer zu ihrem Lieblingssong.

Sprecht darüber:

★ Manche Leute hören Musik, andere musizieren und singen auch. Welche Rolle spielt Musik in eurem Leben?

★ Was für Gefühle kann Musik bei euch auslösen? Welche Erfahrungen habt ihr?

★ Musiziert, singt und tanzt ihr in der Familie auch manchmal? Verändert das die Stimmung?

Melodien, Klänge und Musik können unser Leben bunter machen. Probiert es doch einfach mal aus! Singt zu einem bekannten Lied, das im Radio kommt, oder legt eine CD ein und tanzt dazu. Vielleicht seid ihr ja auch so musikalisch, dass ihr eure eigenen Instrumente und Stimmen zum gemeinsamen Singen und Musizieren nutzen könnt!? Musik ist ein Abenteuer im Kopf, voller Gefühle und Stimmungen, ein Versuch lohnt sich.

SONNTAG

Reise zu meiner Melodie

Der folgende Text ist eine »Fantasiereise«, also eine Geschichte, die uns hilft, in unseren Gedanken zu verreisen. Am besten funktioniert das, wenn eine Person die Geschichte langsam mit Pausen vorliest, während alle anderen es sich bequem machen (liegend oder auch sitzend) und ihre Augen schließen.

Lege (oder setze) dich bequem hin. Dass du bequem sitzt, merkst du daran, dass du keinen Muskel anspannen musst. Wenn du es dir richtig bequem gemacht hast, schließe deine Augen und entspanne dich.

Versuche vorsichtig, ohne dich zu bewegen, deine Zehenspitzen zu spüren. Wandere von dort aus langsam an deinem Körper entlang über deine Fersen, Waden, Knie, Oberschenkel, Becken, Hüfte, Rücken, Schultern, Nacken, Kopf und Arme. Du kannst spüren, wo dein Körper aufliegt und wie er dort liegt.

Versuche, deine Ohren zu spüren. Sie sind offen und hören die ganze Zeit. Bleibe ruhig liegen und versuche zu hören, was um dich herum alles passiert.

Versuche, verschiedene Geräusche gemeinsam zu hören. Die verschiedenen Geräusche bilden zusammen einen manchmal lauteren und manchmal leiseren Klangteppich aus ganz verschiedenen Tönen. Versuche in deinem Kopf daraus eine Melodie zu basteln. Du kannst auch Töne, die dir sonst noch einfallen, dazunehmen.

Spüre deiner Melodie nach und versuche langsam wieder stärker zu hören, was um dich herum passiert. Beginne damit, deine Zehen und deine Finger ein bisschen zu bewegen, dann deinen Kopf und wenn du Lust hast, öffne deine Augen wieder. Herzlich willkommen zurück!

Direkt nach der Fantasiereise ist es gut, sich auszutauschen:

★ Wie war die Fantasiereise für euch?
★ Habt ihr eine Melodie gefunden? Wie ging sie?

Juli

Mit dem Juli beginnen an vielen Orten die Ferien – Zeit sich auszuruhen, zu spielen, zu faulenzen und zu verreisen, egal ob real oder nur in der Fantasie.

Welche Aktivitäten, Ideen und Basteltipps euch in diesem Monat erwarten, sehr ihr hier:

★ Nicht ausgesucht – Wenn es anders kommt als erwartet
★ Schuljahresende – Zeugnistag, wie gehen wir damit um?
★ Mama ganz für mich – Auch mal was alleine mit Mama oder Papa machen
★ Urlaubszeit – Was erwarten wir von unserem Urlaub?

27. Wochenende:
Nicht ausgesucht

FREITAG

Wenn es dir schlecht geht,
mach dir keine Sorgen –
das geht vorüber.

Wenn es dir gut geht,
mach dir keine Sorgen –
das geht vorüber.

PETRUS CEELEN

Es stimmt, schwere Zeiten gehen vorbei, aber wir wissen auch, dass die schönen Stunden enden, dass glückliche Momente vorübergehen. Was uns bleibt, sind die inneren Bilder, die Erinnerung daran. Diese inneren Bilder können wir hervorholen, wir können in sie eintauchen.

Den Weg unseres Lebens können wir nur ein Stück weit selbst beeinflussen. Manches, was auf uns zukommt, fordert das Leben von uns, wie wir den Alltag mit den Kindern gestalten, wie wir mit Krankheiten umgehen lernen, mit Enttäuschungen – im privaten Leben ebenso wie am Arbeitsplatz. Wir müssen mit manchem zurechtkommen, das wir nicht gewählt, nicht gesucht haben – aber genau das können wir tun: uns zurechtfinden, uns der Herausforderung stellen.

Nehmen Sie sich heute ein wenig Zeit, nur einen kurzen Moment, um zurückzuschauen und auch nach vorne zu schauen. Vielleicht gelingt es Ihnen, heute in der Gegenwart zu leben, sich heute weniger Sorgen zu machen. Vielleicht können Sie sich dann – noch mehr – einlassen auf das, was Ihnen das Leben jetzt bringt: auf die schönen und belastenden, die schweren und beglückenden Erfahrungen.

SAMSTAG

So eine Enttäuschung

Manchmal kommt alles ganz anders, als man sich das vorgestellt hat. Michaela ist total enttäuscht. Ihre Klasse ist zusammen mit der Parallelklasse im Schullandheim. Michaela ist im Zimmer zusammen mit Sanna, Melina und Bea. Die mag sie gar nicht … die drei sind in der Parallelklasse und in der gleichen Tanzgruppe wie Michaela. Sie hat schon oft beobachtet, dass dieses unzertrennbare Kleeblatt häufig über andere Kinder spottet und lästert. Jetzt befürchtet Michaela, dass sie das nächste Opfer der Lästereien werden könnte. Michaelas beste Freundin aus ihrer Klasse ist in einem anderen Zimmer, und von den Mädchen dort möchte keine mit Michaela tauschen. Sie seufzt. Wie soll sie das nur aushalten? Eine ganze Woche in diesem Zimmer! Michaela ist total verunsichert. Sie schluckt die Tränen hinunter und denkt sich: Ich hab mich so auf diese Woche gefreut, und jetzt das!

★ Es gibt Situationen im Leben, die kommen völlig anders, als wir uns das vorgestellt haben. Und dann sind wir erst einmal erschrocken, und denken: Wie soll das gehen, wie kann ich das schaffen?

★ Habt ihr so etwas auch schon einmal erlebt?

★ Häufig meistern wir solche Situationen dann doch ganz ordentlich. Und dann sind wir hinterher auch stolz auf uns. Wir fühlen uns dann stärker, wir sind an dieser Situation gewachsen und haben eine neue Kraft in uns entdeckt. Kennt ihr dieses Gefühl auch?

Vielleicht ist es so, dass diese schwierigen Situationen, die wie kleine und größere Stolpersteine auf unserem Lebensweg liegen, uns letztlich wichtige Aufgaben stellen. Diese Aufgaben müssen wir lösen, um im Leben gut weiterzukommen, um daran zu wachsen, uns zu entwickeln und starke Menschen zu werden.

Wie könnte die Geschichte von Michaela weitergehen? Überlegt euch gemeinsam ein gutes Ende für diese Geschichte und schreibt es hier auf:

SONNTAG

Wenn Eltern sich streiten

Bea erzählt: »Kürzlich bin ich in der Nacht aufgewacht und habe gehört, wie sich Papa und Mama laut angeschrien haben. Noch lange danach habe ich das Weinen von Mama im Ohr gehabt. Das ist schon öfter passiert.«

Dass Mama und Papa sich auch mal streiten, gehört dazu. Manchmal ist es sogar wichtig, sich über manche Fragen zu streiten, um gemeinsam den besseren Weg zu finden. Wir streiten und versöhnen uns. Dies ist wichtig. Sich nach einem Streit wieder die Hand zu geben und versöhnt miteinander weiterzugehen ist auch etwas, das wir als Familie gemeinsam lernen und üben können.

Manchmal kommt es aber zu einem solch heftigen Streit, dass sich Eltern nicht mehr miteinander verständigen können und auseinandergehen. Für Kinder ist dies eine sehr schwierige Situation.

Wichtig ist es aber, dass ein Kind sich nicht selbst die Schuld dafür gibt, dass Mama und Papa auseinandergehen. Ein Kind ist daran nie schuld. Dass Gott uns gerade auch in den Lebenssituationen nicht alleine lässt, in denen wir vor Scherbenhaufen stehen und wir selbst nur noch wenig regeln können, ist ganz sicher. Manchmal können Kinder am Abend vor dem Einschlafen Gott all das ganz persönlich sagen, was ihnen wehtut und worunter sie leiden, um nicht allein damit zu sein.

Lieber Gott,
ich bin ganz traurig, weil Papa und Mama sich so oft streiten.
Ich habe Angst, dass sie sich nicht mehr lieb haben.
Hilf du, dass alles wieder gut wird!
Bleib du bei mir.
Amen.

Wenn in eurer Familie die Situation anders ist, dann ist das auch ein Grund dankbar zu sein.

28. Wochenende: Schuljahresende

FREITAG

Erinnern Sie sich noch an einzelne »letzte Schultage«? Meist waren sie wunderbar, viele Wochen einfach nur Sommer, frei von Verpflichtungen oder später dann verknüpft mit der Chance, einige Wochen lang mit Ferienjobs Geld zu verdienen oder Praktika zu machen.

Die »letzten Schultage« markieren in jedem Jahr einen wichtigen Übergang. Als Kind beschäftigt einen meist der Abschied von der Lehrerin, dem Lehrer, später sind die Kolleginnen und Kollegen wichtig, diese sieht man ja auch manchmal den Sommer über. Vielleicht war manchmal auch eine Note im Zeugnis ungerecht, wir waren enttäuscht, doch eine schlechtere Note bekommen zu haben, »Notentransparenz« war nicht üblich. Manchmal gab es massive Missstimmung zu Hause, wenn die Erwartungen der Eltern nicht erfüllt wurden.

Haben Sie auch solche Erinnerungen, wenn Sie an Schulschluss und Zeugnistag denken? Manchmal ist es gut, sich diese Erinnerungen wieder ins Bewusstsein zu rufen – sie machen uns vielleicht unseren Kindern gegenüber verständnisvoller, gnädiger.

Wenn für die Kinder Schulschluss ist, müssen sich Eltern um die außerschulische Betreuung der Kinder kümmern, die nächsten Wochen wechseln sich die Kolleginnen und Kollegen mit ihren Urlaubswochen ab, auch als Mama oder Papa zu Hause wird der Rhythmus ein anderer, Schule, Musikunterricht und Sportverein fallen weg, die Abende sind länger, es bleibt mehr gemeinsame Zeit.

Zuerst aber, für heute, will mit den Kindern gewürdigt werden, was im Schuljahr gelungen ist, vermutlich muss auch besprochen werden, was nicht gelungen ist, und manchmal muss noch verschmerzt werden, was ungerecht war.

SAMSTAG

Der letzte Schultag

Heute ist der letzte Schultag. Die Kinder der Grundschule haben sich in der nahegelegenen Kirche versammelt, um den Jahresabschluss-Gottesdienst gemeinsam zu feiern. In den Köpfen der Kinder kreisen die unterschiedlichsten Gedanken, an diesem letzten Schultag, der mit der Verteilung der Jahreszeugnisse beschlossen wird.

Christopher ist in der ersten Klasse, er sitzt ganz vorne und ist heute ein bisschen aufgeregt. Er wird die Fürbitten lesen. Er denkt sich: »Lieber Gott, kannst du mir beim Lesen helfen? Damit ich nicht so aufgeregt bin? Bitte lass mich ruhig bleiben, dann schaff ich das. Schließlich bin ich der Lesekönig in unserer Klasse!«

Simone ist in der zweiten Klasse. Sie wird in den Ferien das erste Mal für eine ganze Woche in ein Kindersommerlager fahren. Sie hat sich das gewünscht und freut sich irgendwie darauf, aber je näher die Reise rückt, umso unsicherer wird sie. Sie denkt sich: »Lieber Gott, kannst du mir helfen, dort Freunde zu finden? Bitte schick viele nette Kinder mit, damit ich jemanden zum Spielen habe, und kein Heimweh bekomme.« An das Zeugnis denkt sie gar nicht, es wird schon ganz ordentlich ausfallen, das weiß Simone.

Max ist in der dritten Klasse, und hat totale Bauchschmerzen. Er weiß, dass sein Zeugnis mindestens zwei Dreier und jede Menge Zweier enthalten wird. Einen Einser bekommt er nur in Sport. Und er weiß, dass seine Mama sich das etwas anders vorgestellt hat. Er denkt: »Oh Gott, bitte lass Mama nicht so enttäuscht-traurig dreinschauen, das halt ich nicht aus. Das macht mich selbst ganz traurig! Ich will sowieso Automechaniker werden, und da muss ich nicht aufs Gymi gehen, Realschule reicht da locker. Und die schaff ich!«

Leoni ist in der vierten Klasse. Sie schaut total traurig aus. Sie weiß, dass in ihrem Zeugnis eine Vier prangt. Sonst lauter Einser und Zweier. Aber eine Vier in Mathe. Mist. Das kann sie einfach nicht, das liegt ihr nicht, diese vielen Zahlen verwirren sie. Und deshalb wird sie nach den Ferien eine andere Schule *besuchen als ihre Freundinnen. Schade ist das. Sehr schade. Ihr Vater wird bestimmt sauer sein und laut mit ihr schimpfen. Sie denkt: »Lieber Gott, lass mich bitte aushalten, wenn Papa heute schimpft und mich anschreit. Und hilf mir, dass er mich trotzdem noch mag. Lass mich in der neuen Schule Freunde finden, sonst bin ich ganz einsam! Bitte halte du zu mir und gib mir Kraft!«*

So sehen die Gedanken dieser vier Kinder aus.

Wie ist das bei euch?

★ Kennt ihr solche Gedanken auch?
★ Mit welchen Gefühlen seht ihr dem Zeugnistag entgegen?
★ Welche Rolle spielen die Zeugnisnoten in eurer Familie,
   wie gehen eure Eltern damit um?

SONNTAG
Gott sei Dank

Manches ist nicht so gut gelaufen, wie gewollt. Manche ärgern sich, dass das Zeugnis nicht gut genug ausfiel oder dass sie die Klasse wiederholen müssen. Andere sind voller Freude und Stolz, dass alles so gut geklappt hat und freuen sich jetzt auf die Ferien.

Es ist jetzt Zeit, das Schuljahr erst einmal stehenzulassen und es Gott anzuvertrauen – sich selbst Gott anzuvertrauen. Es ist so wie es ist. Gott sei Dank haben wir den Stress hinter uns und sind in der Schule einen Schritt weitergekommen. Aber darüber nachzudenken, wie es so gekommen ist, kann am Ende des Schuljahres die ganze Familie beschäftigen.

Was können wir daraus lernen und im nächsten Schuljahr anders machen? Die Hoffnung, dass es im neuen Schuljahr besser wird, kann trügen, wenn wir nicht bereit sind, auch etwas zu verändern. Sich Zeit zu nehmen um aufzuschreiben, was ich im nächsten Schuljahr anders und besser machen möchte, kann ein erster Schritt sein. Mit der Familie darüber zu sprechen, ist ebenfalls eine große Hilfe für alle Seiten, um Enttäuschungen und unnötigen Ärger zu vermeiden.

So manche Diskussion wegen der Hausaufgaben und vielleicht wegen der schlechten Schulnoten können wir jetzt stehenlassen und uns in die Ferien hinein fallenlassen und entspannen. Andere Fragen begleiten uns in der Familie weiter. Muss in den Ferien gelernt werden? Wie gestalten wir den Urlaub miteinander so, dass mehr gute als schlechte Stimmung aufkommt?

Das Schuljahresende ist aber auch ein Grund zu danken. Es wird die Ernte der Mühen und der Arbeit, auch die Ernte für die Einschränkungen, die die Schule mitbringt und die Familie manchmal übermächtig einschränkt, eingebracht. Schuljahresende ist auch Grund, Gott zu danken, der uns mit seiner Kraft begleitet und immer wieder neuen Mut gegeben hat, auch wenn es vielleicht manchmal Tränen gab und es zum Verzweifeln war.

Mama ganz für mich

FREITAG

Ein Schuljahr geht zu Ende, die letzten Schultage stehen bevor, vielleicht haben die Ferien gerade begonnen oder sind zumindest in Aussicht. Kennen Sie das Gefühl, den Stolz, mit dem Zeugnis in der Hand nach Hause zu kommen, vielleicht sind auch die Großeltern da – ebenso stolz – und bewundern die Noten, obwohl sie längst wussten, dass es ein gutes Zeugnis sein wird. Vielleicht aber kennen Sie auch das mulmigere Gefühl, nicht zufrieden zu sein mit dem Schuljahr, Mühe beim Lernen zu haben – und dann ist der Zeugnistag enttäuschend, manchmal sogar beschämend.

Egal, wie gut oder schlecht die Zeugnisse waren, immer kamen mit dem Jahreszeugnis auch die Ferien – und mit ihnen kam ein Gefühl, das vielleicht nur Kinder kennen: Diese Freude, dass nun Tage und Wochen vor ihnen liegen, in denen es nichts anderes zu tun gibt als zu spielen, von morgens bis abends nur spielen.

Wenn Sie sich an diesem Freitag, an den Beginn der Ferien erinnern, dann erinnern Sie sich vielleicht auch an das Gefühl von Sommer, an die Gerüche der Pflanzen, die reifen Beeren und das Summen von Insekten. Und an das Gefühl, unbegrenzt Zeit zu haben. Als Erwachsene wissen wir längst, dass wir nicht unbegrenzt Zeit haben. Aber dennoch – manchmal können wir uns, nur für einen Moment, an das Gefühl aus Kinderzeiten erinnern: unbegrenzt Zeit haben, unendlich lange Tage und Wochen – Ferien.

Und dann können wir manchmal aus diesem Gefühl heraus mit unserer Partnerin, unserem Partner oder mit einem der Kinder bzw. den Kindern etwas unternehmen.

SAMSTAG

Eine Reise für zwei

Markus sitzt im ICE nach München. Neben ihm sitzt seine Mama. Und sonst niemand. Markus kuschelt sich an Mamas Schulter und genießt es, mit ihr allein zu sein. Papa und die beiden jüngeren Geschwister sind zu Hause geblieben, und er allein macht mit Mama diese Reise. Sie besuchen eine Freundin von Mama und werden sogar einmal übernachten.

Mama hat sonst nicht so viel Zeit nur für Markus: Lukas und Benny brauchen ganz schön viel Aufmerksamkeit, die Zwillinge sind erst zwei Jahre und sie machen viel Quatsch und halten die Eltern auf Trab, besonders Mama. Außerdem arbeitet Mama sehr viel, vormittags ist sie immer im Büro, da ist Markus in der Schule und die Zwillinge in der Kita, und abends sitzt sie meistens noch vor dem Computer. Manchmal nervt Markus, dass er so wenige Momente mit seiner Mama allein verbringen kann, umso mehr freut er sich über diese beiden Tage. »Mama, glaubst du, dass Papa das hinkriegt mit Lukas und Benny?«, fragt Markus. Mama lacht: »Der schafft das schon, mach dir keine Gedanken. Und wir werden diese beiden Tage genießen. Was meinst du Markus, wollen wir in den Tiergarten gehen? Wir haben heute in München den ganzen Nachmittag für uns, Anja hat noch einen Termin.« Markus stimmt begeistert zu, er liebt den Tiergarten. Und seine Mama!

Überlegt gemeinsam:

★ Wie ist das in eurer Familie? Gibt es Zeiten, in denen ein Kind ganz bewusst etwas Besonderes mit einem Elternteil unternehmen kann, so wie Markus in der Geschichte?

★ Was sind eure besonders schönen Erlebnisse bisher gewesen?

★ Was würde jede/jeder von euch gerne einmal wieder unternehmen? Lässt sich davon etwas konkretisieren? Denkt doch einmal darüber nach, und plant ein kleines »High-Light«, wenn ihr Lust dazu habt!

140

SONNTAG

Vater-Kind-Wochenende

Ein Wochenende allein mit Papa – für Kinder oftmals etwas ganz Besonderes, einen Tag lang bzw. sogar ein ganzes Wochenende konzentriert sich Papa nur auf sein Kind und kann sich auf es einlassen. Es gibt inzwischen sogar richtige Wochenend-Kurse: »Vater-Kind-Wochenende«. In manchen Regionen sind solche Kurse total überfüllt, weil sie eine Möglichkeit bieten, die es sonst nicht zu geben scheint: Einmal ganz aufeinander konzentriert Zeit zu erleben.

Das gilt natürlich genauso für »Mutter-Kind-Wochenenden«. Interessant ist aber, dass es einen besonderen Bedarf für die Vater-Kind-Wochenenden zu geben scheint – ein Indiz für einen Nachholbedarf der Väter.

Dabei ist offensichtlich: Als Kind freust du dich, wenn du mal ganz alleine wichtig bist für deinen Papa oder deine Mama und ihr gut aufeinander hören, gemeinsam planen und zu zweit schöne Erlebnisse haben könnt. Erst recht, wenn in der Familie mehrere Geschwister sind. Jeder Mensch braucht das Gefühl: Ich bin für einen Menschen auf dieser Welt sehr wichtig. Ich kann mich auf diesen Menschen völlig verlassen und wenn es wirklich schwierig wird in meinem Leben, dann weiß ich, dass er oder sie mich nicht alleine lässt.

Wenn mehrere Kinder in einer Familie sind, dann gibt es automatisch immer wieder Rangeleien: Der ist wichtiger, für den hat Papa oder Mama mehr Zeit, der bekommt mehr als ich.

Manchmal ist das auch so: Ein Elternteil konzentriert sich auf die ganz Kleinen, die mehr Hilfe brauchen. Das kranke Kind braucht für den Moment mehr Zuwendung als das gesunde. Dies ist sehr wichtig zu besprechen, damit es keine unnötigen Reibereien oder Enttäuschungen gibt. Und wenn alle wieder gesund sind, gibt es die Möglichkeit, ganz gezielt ein Wochenende zu reservieren, an dem sich die Mutter und ihre Älteste – auch wenn sie gerade erst fünf ist – einen Tag für sich alleine nehmen. Oder der Vater mit einem Kind alleine einen Nachmittag lang einen leckeren Kuchen backt.

30. Wochenende:

Urlaubszeit

FREITAG

Endlich rückt die Urlaubszeit näher. Vielleicht war gerade heute Ihr letzter Arbeitstag vor dem Urlaub, ein bisschen stressig noch, aber dafür – zwei oder gar drei Wochen frei. Aber auch ohne Urlaub sind sie meist wunderbar, diese Sommerwochenenden.

Charles Schulz ist der Vater der erfolgreichen Cartoons mit Charlie Brown und Snoopy. In einem Cartoon stellt Charlie Brown seinem Freund Linus die Frage: »Denkst du oft an die Zukunft?« und Linus antwortet: »Ja, immerzu.« »Und was möchtest du werden, wenn du groß bist?«, fragt Charlie Brown weiter, und Linus antwortet: »Unwahrscheinlich glücklich.«

Manchmal lässt uns der Sommer ein wenig Zeit und Raum zum Träumen. Wir gestalten in Gedanken unsere Lebensträume, unsere Wünsche für's Leben. Was war, was ist Ihr Lebensziel? Ihr Lebenstraum? Linus antwortet nicht: Frau und Kinder und Geld und Einfluss und Anerkennung. Linus sagt ganz einfach: »Unwahrscheinlich glücklich.« Vielleicht denken Sie sich: Das ist doch naiv, so ein Spruch, mein Leben ist komplizierter, und den Wunsch nach Glücklichsein habe ich längst aufgegeben. Charlie Brown erinnert an den Kinderwunsch: »Was möchtest du werden, wenn du groß bist?« – »Unwahrscheinlich glücklich.«

Vielleicht fallen Ihnen auch andere Sätze ein auf die Frage: »Was ist Glück? – Ein Dach über dem Kopf, ein paar gute Freunde und keine Zahnschmerzen, das ist schon viel.« Es ist viel, ein Dach über dem Kopf zu haben, und ein paar gute Freunde und keine Zahnschmerzen. Die jüdisch-christliche Religion ist weniger bescheiden, da ist von »Leben« die Rede, von »Leben in Fülle« und von »Himmel«, von »der Freiheit der Kinder Gottes« und und und. Warum also sollen wir uns mit weniger zufrieden geben? Auch wir dürfen uns auf die Frage »Was möchtest du werden, wenn du groß bist?«, wünschen: »Unwahrscheinlich glücklich.«

SAMSTAG

Vorfreude ist die schönste Freude

Gemeinsam in den Urlaub zu fahren, ist etwas Besonderes. Die Familien freuen sich in der Regel Wochen, wenn nicht Monate lang auf dieses gemeinsame Ereignis. Oft machen sich die Menschen viele Gedanken über die Reise, sie wollen alles perfekt organisieren, damit diese Ferienwochen auch wirklich ein gelungenes Erlebnis werden. Große Erwartungen hängen an diesem Urlaub.

Manchmal ist es aber so, dass die Erwartungen der einzelnen Mitreisenden gar nicht so gut zusammenpassen: Da will zum Beispiel Familie Schulz ans Meer fahren; Herr Schulz stellt sich vor, wie schön es wäre, die ganzen zwei Wochen am Strand zu liegen, das Rauschen der Wellen zu hören und seine geliebten Krimis zu verschlingen, ab und zu ins Wasser zu gehen und sich abzukühlen, und abends im Garten der Ferienwohnung zu grillen. Frau Schulz hingegen stellt sich vor, lange Strandspaziergänge mit ihrem Mann zu unternehmen, die nahegelegenen mittelalterlichen Städte zu besichtigen und in den mediterranen Läden schicke Klamotten zu erstehen. Die Tochter der beiden, die siebenjährige Isabel träumt von riesigen Sandburgen, einer gigantischen Wasserrutsche und von anderen Kindern, mit denen sie gemeinsam herumtollen kann.

Die Mitglieder der Familie Schulz sollten einander ihre unterschiedlichen Vorstellungen vom Urlaub dringend mitteilen, sie sollten ihre Erwartungen an die Ferienzeit gemeinsam besprechen – andernfalls sind Enttäuschungen und Konflikte sehr wahrscheinlich, und dann wird der Urlaub zur Qual anstatt zum gemeinsamen Erlebnis.

Wie ist das bei euch?

★ Tauscht ihr euch in der Familie über die Erwartungen jedes Einzelnen an den Urlaub aus? Welche Urlaubserfahrungen habt ihr als Familie bereits gemacht?

★ Habt ihr schon einmal Konflikte im Urlaub erlebt? Und wenn ja, warum?

★ Und wie ist die Situation jetzt? Steht ein Urlaub bevor?

144

Mixt euch einen leckeren Vorfreude-Cocktail für die ganze Familie und tauscht eure Erwartungen an den Urlaub aus!

Hier ist ein Rezeptvorschlag für das Getränk:
Für vier Gläser braucht ihr:
✿ 2 Limetten
✿ Rohrzucker
✿ Maracujasaft
✿ Ginger Ale
✿ Cruched Ice oder Eiswürfel
Pro Glas wird eine halbe Limette geviertelt und im Glas mit einem Stößel oder Löffel zerdrückt. Dann kommen der Rohrzucker und das Eis dazu. Das Glas wird bis zur Hälfte mit Maracujasaft gefüllt, dann mit Ginger Ale aufgefüllt.

Die persönliche Urlaubs-Vorfreude der einzelnen Familienmitglieder kann jeder für sich nach Geschmack hinzufügen!

SONNTAG

Familienferienzeit!

Ferienzeit! Zahnbürste, Schlafanzug, Turnschuhe, Badehose – das alles kommt in den Koffer. Aber wir brauchen noch mehr. Wir können noch ein Kilo gute Laune, ein Pfund Abenteuerlust, ein Paket Dankbarkeit, eine Rolle Hilfsbereitschaft und vieles andere mehr einpacken.

Urlaub und Ferien sind mehr als Ablenkung vom Alltag. Die Ferienzeit ist eine Auszeit, in der wir uns fragen können: Was ist uns in der Familie wichtig? Wie können wir gemeinsam zur Ruhe kommen, uns erholen, Kraft sammeln und körperlich, geistig und seelisch auftanken?

Manchmal sind unsere Erwartungen sehr unterschiedlich: Die kleine Schwester möchte etwas anderes machen als ihr großer Bruder, und auch die Eltern haben unterschiedliche Bedürfnisse. Indem wir unsere Erwartungen und Wünsche äußern, miteinander besprechen und aufeinander eingehen, können wir zu Kompromissen kommen, sodass die Ferien den unterschiedlichen Ansprüchen gerecht werden.

Es hängt von uns selbst ab, dass aus den Ferien tatsächlich Ferien werden. Wenn die Ferientage nur langweilig vor dem Fernseher ablaufen und wir in den Ferien nichts Besonderes erleben, dann verschenken wir diese kostbare Zeit.

August

Im August erwarten uns die heißen Sommertage. Jetzt tut ein kühles Getränk oder ein leckeres Eis besonders gut.

Welche Aktivitäten, Ideen und Basteltipps euch in diesem Monat erwarten, seht ihr hier:

★ Sonne – kühler Schatten – Einen Tag für mich sein
★ Sonne, Mond und Sterne – Wir beobachten die Sterne
★ Warum muss Bunny sterben? – Ein schwieriges
   Thema besprechen
★ Gemeinsam etwas erleben – Zirkuszauber

Sonne – kühler Schatten

FREITAG

Sommer – wir hören von den Staus auf den Straßen, vielleicht machen wir uns auch selbst auf den Weg in den Urlaub. Ob vor Ort oder an einem Urlaubsort:

> Erlaube dir im Urlaub etwas,
> was du dir sonst nicht gönnst.
>
> Tue im Urlaub endlich das,
> was du sonst nicht tust:
> nichts.
>
> PETRUS CEELEN

Eigentlich ein frecher Text, in einer Zeit, in der nur wichtig zu sein scheint, wer viel tut, sollen wir den Urlaub nutzen, um nichts zu tun. Zugleich gibt es genügend Gründe, sich darauf zu freuen, gerade im Urlaub etwas zu tun, selbstbestimmt, freier als sonst. Wie wird eigentlich »Freizeit« zu freier Zeit? Wie geht das, sich im Urlaub so zu erholen, dass ich mich nach dem Urlaub nicht vom Urlaub erholen muss? Vielleicht kennen Sie das: Der Urlaub war schon schön, aber dann – beim Nachhausekommen – die viele Wäsche, die Arbeit im Garten, Staub hat sich angesammelt, es muss geputzt werden. Die vielen Unternehmungen im Urlaub, oder das viele Essen und der Alkohol. »Nach dem Urlaub bin ich richtig kaputt, nach dem Urlaub würde ich Urlaub brauchen …«, sagen manche.

Vielleicht ist es gut, schon vor dem Urlaub zu überlegen, was mir, was uns hilft, dass »Freizeit« wirklich »freie Zeit« wird, dass ich nach dem Urlaub nicht Urlaub brauche, um mich zu erholen.

SAMSTAG

Ein Wüstenerlebnis

Wochenlang hat Jule auf den Sommer gewartet. In diesem Jahr war das so eine Sache mit dem Wetter: Erst war ein zaghafter Frühling zu spüren, dann war der April sehr launisch und vor allem windig, ungemütlich. Dann kam nach einer kurzen Sonnen-Zeit eine sechs Wochen andauernde Regenzeit über das Land. Der halbe Mai und der gesamte Juni total verregnet. Nicht kalt, aber nass. Und im Juli war das Wetter mäßig. Aber da war ja noch Schule.

Und dann die Freude: Am letzten Schultag schien die Sonne, es hatte 25 Grad und die Kinder waren selig, wollten mehr dieses schönen Wetters haben! Und nun ist schon die dritte Woche tolles Wetter, immer zwischen 28 und 32 Grad heiß, der Himmel blau, die Freibäder zum Bersten voll. Die Erwachsenen sind nicht mehr so begeistert, vielen ist zu warm und sie finden, es könnte mal abkühlen. Nicht so Jule. Sie fährt erst im September mit ihrer Familie in den Urlaub, weil ihre Eltern im August noch arbeiten müssen. Also liegt sie jeden Tag stundenlang im Halbschatten des Gartens und liest. Gerade hat Jule ein spannendes Wüstenabenteuer zu lesen begonnen. Es wird von einem jungen Mädchen erzählt, das in der Wüste lebt und mit seiner Familie – Nomaden – unterwegs ist, um Wasser und einen neuen Lagerplatz zu suchen. Sina heißt das Mädchen in der Geschichte. Sina ist das älteste Kind ihrer Eltern und muss, obwohl sie erst neun Jahre alt ist, schon eine Menge Verantwortung tragen, sie ist zum Beispiel für die Tiere – eine Herde Ziegen und ein Kamel – zuständig. Jeden Tag muss sie die Tiere zu einer Wasserstelle führen, damit sie trinken können. Die Tiere sind das Kapital der Familie und sehr wichtig, die Verantwortung ist riesig. Sina hat an diesem Tag Probleme eine Wasserstelle zu finden, die Tiere drängen in eine Richtung, als scheinen sie das Wasser zu wittern, zu spüren, wo es das lebendige Nass zu finden gibt. Und Sina ergibt sich, lässt sich von den Tieren führen. Die Zunge klebt ihr am Gaumen, die Augen flimmern, sie spürt kaum noch ihre Füße und Beine nach dem langen Marsch. Und kein Ende in Sicht, die Wüstensonne knallt unbarmherzig vom Himmel.

Jule hält inne – sie fühlt sich, als wäre sie Sina! Ohne dass sie es bemerkt hat, ist der Schatten des Apfelbaumes so weit gewandert, dass sie seit geraumer Zeit in der prallen Sonne liegt. Ihre Haut sieht rötlich aus, sie ist total er-

hitzt, die Gedanken flirren, der Kopf drückt, sie hat großen Durst. Sie kann Sinas Situation plötzlich sehr gut nachvollziehen. Nur einen Gedanken hat Jule: Schnell in den Schatten! Das ist gar nicht so leicht getan wie gedacht – als Jule versucht aufzustehen, wird ihr schwindelig, sie muss kurz inne halten. Dann wankt sie zur Terrasse, setzt sich in den Schatten und trinkt von dem Wasser, das dort in einem Krug bereit steht. Sehr erleichternd, wie das kühle Wasser durch ihre Kehle fließt, Jule genießt das Gefühl zum ersten Mal sehr bewusst. Es scheint, als würde jede Zelle ihres Körpers das Wasser aufsaugen wie eine vertrocknete Blume. Ein sehr intensives Gefühl ist das.

Gut, dass es nicht nur Sonne, sondern auch Schatten gibt.

SONNTAG
Ein Tag für mich

Im Jahreskreis finden sich hunderte Möglichkeiten die Schöpfung Gottes kennenzulernen: bei Spaziergängen durch die bunten Blätter und den Nebel im Herbst, im Winter durch den Schnee, im Frühjahr durch die aufblühenden Wälder und Wiesen, im Sommer auf dem Wasser und in der Sonne – überall können wir Gottes Schöpfung sehen, fühlen, riechen und schmecken.

Ein Wüstentag – sich der Natur aussetzen, schwimmen, Bewegung, gemeinsame Spiele.

Ein Wüstentag erinnert an die 40 Tage Jesu in der Wüste und an die 40 Jahre des Volkes Israel auf dem Weg ins gelobte Land.

Einen Wüstentag zu gestalten bedeutet, sich frei zu machen von allem Alltäglichen. Wir suchen nicht Routine oder Ablenkung, sondern Besinnung. Die können wir in der Schöpfung Gottes finden. Wir nehmen uns, unser Umfeld und die Schöpfung bewusst wahr.

32. Wochenende:
Sonne, Mond und Sterne

FREITAG

Wärme, Sonne – der August hält die ganze Bandbreite des Sommers bereit. Während der Arbeit einmal ein paar Minuten »Sonne tanken«, ein paar wärmende Strahlen spüren, das hebt die Stimmung, lässt Sommerlaune entstehen. Nach anstrengenden Tagen, nach einer anstrengenden Woche hinaus in die Natur gehen, wenigstens für ein oder zwei Stunden die Farben der Bäume und der Pflanzen, der Berge und des Wassers in sich einfangen. Doch es gibt Tage und Wochen, an denen ist keine Zeit für einen Ausgleich in der Natur. Stellen Sie sich dann doch einfach vor dem Schlafengehen eine Viertel- oder eine halbe Stunde ans Fenster oder auf den Balkon, atmen Sie die Nacht ein, warten Sie auf den Mond, suchen Sie einzelne Sterne, die stärker sind als die Beleuchtung der Stadt. Oder freuen Sie sich einfach nur über die Dunkelheit, auch zwischen den Wolken ist manchmal die Nacht sichtbar.

Sonne, Monde und Planeten, braune Zwerge, rote Zwerge, Sternenhaufen – es ist eine faszinierende Welt, in die wir Einblick nehmen, wenn wir nachts zum Himmel schauen. Vielleicht kennen Sie das auch, dies Tröstliche, wenn Sie sich bei einem Blick in den Himmel groß und klein zugleich fühlen. Dann rutschen manche Erfahrungen, die einen während der Woche geplagt haben, ein Stück in den Hintergrund. Probleme bleiben natürlich bestehen, aber sie verlieren ein wenig von ihrer Kraft – angesichts des Himmels. Und wenn Sie dann noch eine Sternschnuppe sehen, können Sie alle Wünsche in ihren Lauf packen und darauf hoffen – wie damals als Kind –, dass die Wünsche in Erfüllung gehen werden.

Werfen Sie heute Nacht vor dem Zubettgehen doch einen Blick gen Himmel, betrachten Sie ein paar Sterne oder vielleicht lassen sie sich auch nur erahnen. Schöpfen Sie ein wenig Luft und Kraft mit einem Blick gen Himmel.

SAMSTAG

Sternenzauber

Habt ihr schon einmal eine Nacht draußen verbracht?

Im Sommer, wenn die Nächte mild sind und der Himmel klar, kann das ein ganz besonderes Erlebnis sein. Am besten eignet sich ein Platz in der Natur, weit ab von beleuchteten Siedlungen oder Straßen. Ihr könnt euch auf eine Decke setzen und den Sonnenuntergang beobachten – es ist ein wunderbares und täglich einzigartiges Erlebnis zu sehen, wie der Himmel seine Farben verändert, wenn die Sonne am Horizont untergeht. Und dann dauert es auch gar nicht mehr so lange, bis der erste Stern am Himmel sichtbar wird.

Wer sieht den ersten Stern zuerst? Und den zweiten, den dritten Stern …

Manchmal geht auch der Mond auf, aber nicht immer, in den Tagen um Neumond kann man ihn leider nicht am Himmel sehen.

Wenn die Sterne am Himmel langsam mehr werden, und der Himmel immer dunkler wird, könnt ihr die ersten Sternbilder am Himmel entdecken. Mit Sternbildern haben sich schon vor über 2000 Jahren die alten Griechen befasst. Sie haben die Sternbilder nach Gestalten der griechischen Mythologie benannt und ihre Bewegungen beobachtet. Im Lauf des Jahres verändert sich durch die Bewegung der erde die sichtbare Position der Sterne.

Die Seefahrer benutzten früher Sternbilder und Sterne zur Orientierung auf dem Meer. Auch heute lieben es manche Menschen, mit oder ohne Fernglas den Abend- und Nachthimmel zu betrachten und die Sternbilder zu entdecken. In einer sternklaren Nacht könnt ihr ungefähr 2000 Sterne mit dem bloßen Auge erkennen.

Zwei der bekanntesten Sternbilder sind der große Wagen (oder auch: großer Bär) und der kleine Wagen (auch: kleiner Bär genannt).

Wenn du mit einem Stift die einzelnen Sterne verbindest, ergibt sich dar-aus die ungefähre Form eines Wagens mit einer langen Deichsel. Die bei-den Sternbilder hängen zusammen, der Polarstern steht ein Stück über dem äußersten Ende des großen Wagens. Am Himmel kann man ihn gut erkennen, weil er sehr hell ist.

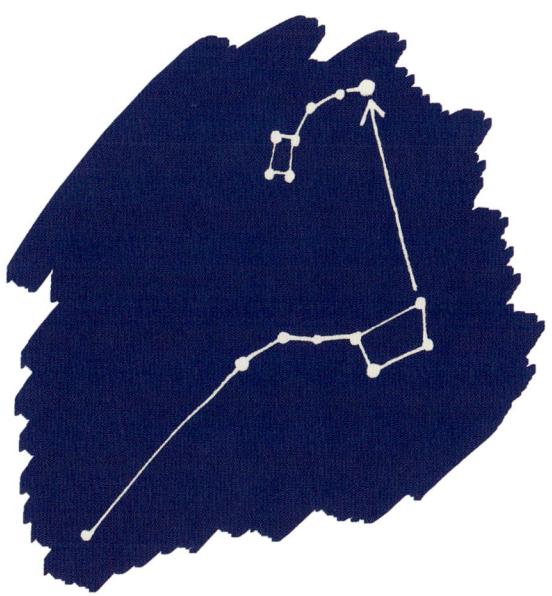

Schaut einmal genau hin:

★ Entdeckt ihr den großen und den kleine Wagen am Himmel?
★ Vielleicht entdeckt ihr aber auch neue Sternbilder am Himmel, die vor euch noch niemand entdeckt hat?
★ Versucht euch zwischen mehreren Sternen Linien vorzustellen, sodass neue Figuren entstehen – und dann zeigt sie einander, eure Sternbilder! Ihr könnt eure Sternbilder auch fotografieren oder auf ein Blatt Papier zeichnen.

SONNTAG

Sternschnuppennächte

Mitte August erwartet uns in sternklaren Nächten ein ganz besonderes Himmelsschauspiel. Bis zu 110 Sternschnuppen innerhalb einer Stunde sind bei klarem Himmel in den Nächten zwischen dem 9. und 13. August zu zählen. Die sogenannten Perseiden sind der reichste und auch schönste Sternschnuppenstrom des Jahres und treten regelmäßig in diesem Zeitraum auf. Weil diese Sternschnuppennächte mit dem Namenstag des Märtyrers Laurentius zusammenfallen, werden sie im Volksmund auch »Tränen des Laurentius« genannt.

Die Weite des Weltalls ist Gottes Schöpfung. Unsere Erdkugel ist lediglich ein Sandkorn in dieser unvorstellbaren Weite des Universums. Von der Erde werden wir durch die Schwerkraft festgehalten, sodass wir nicht in das Weltall hinaus katapultiert werden und für immer verschwinden.

Die Sternbilder am Himmel zeigen den stabilen Zusammenhang der Gestirne untereinander und dennoch sind sie dauernd in Bewegung, mit Geschwindigkeiten, die uns Menschen fremd sind.

Wenn wir in das Weltall schauen, die Stille spüren und gemeinsam schweigen, ist dies ein Lobgebet an den Schöpfer, der hinter allem steht.

Gott ist die Bedingung dafür, dass das Universum in vielen Milliarden Jahren und aus Billionen Teilen entstanden ist. Die Erde gibt es seit rund 4,5 Milliarden Jahren. Das Leben auf der Erde hat sich aus Mini-Elementen entwickelt. Was wir heute mit »Evolution« meinen, ist die Entwicklung der Schöpfung Gottes. Je mehr wir Menschen das Universum naturwissenschaftlich kennenlernen und erforschen, desto mehr wissen wir über die Geheimnisse der Schöpfung Gottes. Deswegen ist es ein falscher Weg, einen Gegensatz zwischen Bibel und Naturwissenschaften aufzubauen. Die Naturwissenschaften können mit ihren Forschungen in die Geheimnisse des Universums Schritt für Schritt eindringen. Viele Wissenschaftler arbeiten, gehen davon aus, dass sie erst einen kleinen Anteil dieser Geheimnisse entdeckt haben.

Gott ist also nicht dazu da, um als »Lückenbüßer« für die von uns noch nicht erkannten Geheimnisse zu dienen, Gott ist vielmehr die Grundbedingung des Universums überhaupt.

Warum muss Bunny sterben?

FREITAG

Auf die Frage, warum wir sterblich sind, warum es Leid gibt und warum alle Lebewesen in diesen Kreislauf von Werden und Vergehen eingebunden sind, lassen sich keine »fertigen« Antworten finden. Unser Körper ist auf Sterben angelegt.

Keine Sorge, am Freitagabend muss diese große Frage nach dem Sterben nicht umfänglich bedacht und bearbeitet werden. Vielleicht helfen Ihnen diese Überlegungen ein Stück auf Ihrem Weg zu einer Antwort. Leben hat den Preis, auch Leid zu erfahren, und am Ende zu sterben. Jüdisch-christliches Nachdenken über diese Frage nimmt dies sehr ernst. Der Mensch hat die Fähigkeit zum Guten wie zum Bösen, der Mensch kann wunderbar großzügig und berührend liebend handeln, der Mensch kann aber auch zutiefst verletzend und zerstörerisch sein. Dies gilt für die ganze Natur, denn die Natur kann eindrücklich schön, faszinierend kraftvoll oder sanft und lieblich sein. Sie kann aber auch mit ihrer Kraft Leben zerstören, dies gilt z. B. für Wasserfluten und für Schneelawinen, für Feuer und für Steinlawinen. Alles auf dieser Welt kann zum Nutzen und zum Schaden sein, alles endet in der Sterblichkeit. Was wir können, ist mitzufühlen und miteinander durch die schönen und durch die schweren Stunden zu gehen. Wer gläubig ist, wird dennoch Leid und Not erleben, aber er oder sie wird in dieser Not – hoffentlich – nicht ganz alleine sein. Jüdisch-christlicher Glaube verspricht kein leidfreies Leben, aber ein begleitetes Leben. Das klingt vielleicht ein wenig komisch, aber es macht einen wichtigen Unterschied deutlich: Irgendwann werde ich dem Sterben begegnen. Dann bin ich froh, wenn ich nicht alleine bin.

SAMSTAG

Bunny

Es ist Sonntag, viertel nach sieben in der Früh. »Mama!!!«, *gellt es durch das Haus. Die Mutter springt aus dem Bett und läuft ins Kinderzimmer. Max sitzt heulend vor dem Hasenkäfig. Bunny liegt reglos auf dem Käfigboden.*

Er ist tot.

Lange sitzen Mama und Max im Zimmer. Max weint, er kann gar nicht aufhören zu schluchzen. Er kann es nicht fassen, gestern ist Bunny noch topfit in der Wohnung herum gehoppelt, sie hatten am Nachmittag gespielt. Und jetzt? Jetzt liegt er tot im Käfig.

Max fragt seine Mama: »Mama, warum müssen Tiere sterben? Und Menschen, warum müssen Menschen sterben? Und was ist dann mit uns?«

Seine Mama überlegt lange. Dann sagt sie: »Wir glauben daran, dass es etwas nach diesem Leben hier auf der Erde gibt, dass wir nach dem Tod bei Gott sind. Frei, ohne Sorgen und Schmerzen, und ohne Krankheiten.« *Max überlegt.* »Das kann ich mir gar nicht vorstellen«, *sagt er nachdenklich.* »Das ist für viele Menschen schwer vorstellbar«, *antwortet seine Mutter,* »aber wir haben die Hoffnung, dass Gott uns zu sich holt, dass wir bei ihm sein dürfen. Man nennt dieses Leben bei Gott auch das Paradies.«

Max sucht eine schöne Kiste heraus, in die sie Bunny legen können. Gemeinsam suchen Mama und Max dann eine Stelle im Garten, an der sie Bunny am Nachmittag begraben. »Unter der großen Birke«, *entscheidete Max schließlich. Er stellt ein kleines Kreuz auf das Grab. Dann pflanzt seine Mutter Stiefmütterchen in die frische Erde.* »Die hat Bunny im letzten Jahr angeknabbert, weißt du noch?«, *erinnert sie Max. Er sagt:* »Lieber Gott, pass gut auf meinen Bunny auf. Er ist so lieb. Amen.«

★ Habt ihr auch schon einmal etwas Ähnliches erlebt, wie Max in der Geschichte?

★ Wie habt ihr euch gefühlt? Wer hat euch getröstet?

★ Was hat euch in dieser Zeit geholfen?

★ Was würdet ihr Max sagen, wenn er euer Freund wäre?

SONNTAG

Trauern um ein Tier

Stirbt ein Mensch, so glauben wir Christen, dass er bei Gott weiterlebt, denn Jesus Christus hat durch seine Auferstehung den Tod besiegt. Trotzdem ist der Tod für uns oft unfassbar und sehr traurig. Die Rituale am Lebensende und beim Tod helfen meist gerade in den ersten Tagen mit der unfassbaren Tatsache, dass das Leben eines Menschen zu Ende ist, umzugehen: Am Bett oder am Sarg verabschieden wir uns, wir beten, z. B. beim Rosenkranz, für den verstorbenen Menschen und seine Hinterbliebenen, wir begleiten den Verstorbenen bei der Beerdigung auf seinem letzten Weg hier auf der Erde.

Kinder kommen mit Sterben und Tod oft schon viel früher in Berührung als Erwachsene das realisieren. Schon im Kindergartenalter finden sie eine tote Maus, die die Katze vor der Tür abgelegt hat, einen Vogel, der gegen eine Fensterscheibe geflogen ist, oder ein angefahrenes Tier am Straßenrand. Wenn das Umfeld eines Kindes mit solchen Situationen ohne große Hemmungen, aber respektvoll umgeht und Fragen des Kindes authentisch nach bestem Wissen beantwortet, entwickeln Kinder erst gar keinen Ekel oder Grusel vor dem Tod. Auch wenn Kinder im Vorschulalter den Tod noch als vorübergehende Abwesenheit verstehen, können sie lernen: Der Tod steht am Ende jedes Lebens; er ist natürlich, aber oft (gerade für Erwachsene) sehr traurig. Und: Wir glauben, dass unser Leben nach dem Tod bei Gott weitergeht. Wie genau, können wir nicht wissen. Wie unsere Herkunft ist auch unsere Zukunft bei Gott für uns ein Geheimnis. Aber wir vertrauen auf ein Leben nach dem Tod, denn unser Gott ist ein Gott des Lebens, der seinen Sohn Jesus Christus von den Toten auferweckt hat.

Stirbt ein geliebtes Haustier, erlebt das Kind diese Trauer um einen verstorbenen Freund selbst. Der Familie kann es in dieser Situation helfen, sich entsprechend von dem toten Freund zu verabschieden, indem für das Tier z. B. ein Schuhkarton als Sarg gestaltet oder ein kleines Grab im Garten gefunden wird.

Gemeinsam etwas erleben

FREITAG

Am Beginn unseres Lebens brauchen wir Menschen, die sich um uns kümmern, die uns pflegen, uns ernähren und aufnehmen. »Bindung« ist das »Hauptnahrungsmittel« der Menschen. Sie ist ein »imaginäres Band, das in den Gefühlen einer Person verankert ist und das sie über Raum und Zeit hinweg an eine andere Person, die als stärker und weiser empfunden wird, bindet«, so die Bindungsforscherin Mary Ainsworth. Das klingt zuerst vielleicht etwas kompliziert, der Gedanke beinhaltet, dass Bindung in unseren Gefühlen verankert ist, wir können an jemanden denken, der jetzt nicht bei uns ist, wir können verbunden sein mit Menschen, die räumlich woanders sind, die bereits verstorben sind. Wenn ein kleines Kind in einen Raum voll fremder Menschen gehen soll, schaut es zuerst zu seiner Mutter oder seinem Vater hin, im Blickkontakt wird die Bindung gesichert und das Kind holt sich so die Rückmeldung, ob es gut ist, in diesen Raum mit so vielen fremden Menschen hineinzugehen oder ob es nicht doch besser wäre, sich zu verstecken. Auch als Erwachsene kennen wir die Erfahrung, dass wir in unsicheren Momenten den Blickkontakt zu Personen suchen, die uns vertraut sind und bei denen wir uns sicher fühlen.

Es ist sinnvoll, unsere Bindungen immer wieder zu »nähren«: Zeit mit den Menschen verbringen, die wir gerne haben, uns auch in Gedanken manchmal mit den Personen beschäftigen, die uns wichtig sind. Wenn wir gemeinsam etwas unternehmen und erleben, dann stärkt dies unsere Gemeinschaft, das »Wir-Gefühl« innerhalb der Partnerschaft, der Familie sowie auch mit Freunden. Vielleicht haben Sie gerade an diesem Wochenende dafür Zeit – gemeinsam etwas zu unternehmen, gemeinsam etwas zu erleben.

SAMSTAG

Ein besonderer Abend

Sebastian und Annamaria haben das Plakat gesehen: der Zirkus Rio gastiert im Stadtteil. Auf der Wiese neben der Sporthalle werden die Zelte aufgebaut. Was für ein Aufwand das ist! Mit einem kleinen Kran wird die Zeltspitze nach oben gehoben und fixiert. Die beiden schauen eine Weile zu. Sie sind begeistert.

Zwei Tage später besuchen sie eine Vorstellung. Es gibt Clowns, Seiltänzer, Akrobaten, Pferde, Ziegen und Hunde. Sogar ein Schwein, das rechnen kann, gibt es in diesem Zirkus. Besonders beeindruckend ist die vierjährige Tochter des Zirkusdirektors, die akrobatische Kunststücke zeigt. Sebastian und Annamaria kauen fasziniert ihr Popcorn und können es nicht fassen.

Einige Wochen später geben Annamarias Eltern ein Grillfest, sie laden viele Familien aus der Nachbarschaft ein. Schon mehrere Tage vor dem Fest sind sie mit der Planung und Organisation beschäftigt. Annamaria sieht sich die Planung an. »Da fehlt aber echt noch was«, meint sie, »ein richtiger Höhepunkt fehlt!« »Wie, was meinst du?«, fragt ihr Vater. »Sollen wir ein Feuerwerk veranstalten?« »Ja, vielleicht«, antwortet Annamaria, »aber vielleicht hab ich da auch noch was!«

Am nächsten Tag trifft sie sich mit Sebastian am Spielplatz. Sie tuscheln und langsam entwickeln die beiden ihr eigenes Programm: Sebastian kann einen Trick mit Spielkarten, Annamaria ist sehr witzig und kann eine Clown-Nummer. Sarah aus dem Nebenhaus kann Einrad fahren und jonglieren. Wunderbar! Die Kinder sprechen sich ab und proben eifrig. Annamarias Eltern ahnen nichts.

Am Abend des Festes gibt es eine wirklich gelungene Einlage unter der Leitung von Sebastian und Annamaria. Lisa marschiert durch die Gruppe der Erwachsenen und verkauft Popcorn, während Sarah, Annamaria und Sebastian ihre Kunststücke vorführen. Die Erwachsenen sind begeistert! Fünf Minuten Beifall für die Zirkus-Einlage! Eine super Idee!

★ Wart ihr schon einmal in einer Zirkus-Vorstellung? Wie war das für euch?

★ Habt ihr euch schon einmal überlegt, welche Kunststücke ihr vielleicht könnt?

★ Habt ihr euer Können schon einmal vor anderen präsentiert? Und wie war die Reaktion des Publikums? Wie habt ihr euch gefühlt?

★ Jeder kann etwas Besonderes, jeder von uns hat Begabungen. Wenn ihr euch traut, etwas davon zu zeigen, ist es für alle Anwesenden eine Bereicherung.

SONNTAG

Unterbrechung des Alltags

Oft leben wir in einem ganz normalen Trott: morgens aufstehen, Zähne putzen, frühstücken, in die Kita, die Schule oder zur Arbeit gehen, Mittag essen, Hausaufgaben machen, Abend essen, Fernsehen, Zähneputzen, schlafen gehen – und dann wieder aufstehen, Zähne putzen, frühstücken.

Nur den Alltagstrott zu leben, ist nicht sehr spannend. Deshalb brauchen wir Unterbrechungen: überraschende Ereignisse, geplante schöne Erlebnisse oder zufällige Besonderheiten lassen sich auch ohne großen finanziellen Aufwand bei entsprechender Planung erleben. Ein Ausflug zu einer nahe gelegenen Grillstelle, vielleicht zusammen mit Freunden, eine Nachtwanderung durch den nahe gelegenen Park oder Wald, am späten Abend mit anderen gemeinsam Sterne am Himmel ansehen und nach Sternschnuppen und Sternbildern suchen, tagsüber Vögel beobachten oder bei Wind Drachen steigen lassen. Je nachdem, wo und wie wir leben, gibt es viele Möglichkeiten. Auch drinnen, im Haus, können wir den Alltag unterbrechen: miteinander spielen, einander vorlesen, malen, sich gegenseitig anrufen, einen Familienkalender gestalten usw.

Bei solchen Unterbrechungen können wir bewusst erleben, dass wir zusammengehören, füreinander wichtig sind und uns weiterhelfen.

Am besten ist es, wenn es uns gelingt, solche Unterbrechungen direkt in unseren Alltag einzubauen. Das klingt komplex, kann aber ganz einfach sein: sich am Abend auf der Bettkante zusammensetzen, gemeinsam eine Geschichte lesen und darüber sprechen, Gott für den Tag danken oder ihm verschiedene Situationen, die vielleicht auch schwierig waren, erzählen. Auch das sind »Unterbrechungen des Alltags«, denn jeder All-Tag bringt Unterschiedliches mit sich. Das übergehen und übersehen wir sonst oft.

September

Im September neigt sich der Sommer langsam dem Ende entgegen. Am 23. September beginnt laut Kalender der Herbst. Doch wenn die Tage zwar kürzer werden, die Sonne aber weiterhin scheint und auch die Temperaturen noch Wärme versprechen, dann spricht man im Volksmund vom »Altweibersommer«.

Welche Aktivitäten, Ideen und Basteltipps euch in diesem Monat erwarten, seht ihr hier:

★ Ein neues Schuljahr – Veränderungen bergen auch manchmal Ängste
★ Immer nur Schule – Wir erstellen einen Familien-Wochen-Stundenplan
★ »On tour« mit dem Fahrrad – Wir machen eine Radtour
★ Bei den Großeltern – Ein besonderer Teil der Familie
★ Wenn Familie sich wandelt – Patchwork, wenn Familien sich trennen und neue Familien entstehen

Ein neues Schuljahr

FREITAG

Nein – ein kleines Wort, gerade einmal vier Buchstaben, doch ein Wort mit großen Konsequenzen. Manchmal braucht es Kraft oder auch viel Mut, »Nein« zu sagen.

Eine Geschichte aus dem Alten Testament, der gemeinsamen Bibel der Juden und Christen, erzählt von einem »Nein«, und seinen Konsequenzen. Sie handelt von einem König, der ein großes Fest veranstaltet hat. Nachdem die Männer und die Frauen – wie damals üblich – viele Tage lang in getrennten Zelten gefeiert haben, ließ der König seine Königin, Waschti mit Namen, zu sich ins Zelt der Männer rufen. Sie sollte vor den Männern tanzen, damit alle sehen könnten, wie schön die Königin sei. Waschti wurde gerufen – aber sie sagte »Nein«. Es war kein leichtes »Nein«, die Konsequenzen waren für Waschti bitter, sie wurde nicht nur mit Liebesverlust bestraft, sie wurde aus dem Königshaus vertrieben, sie wurde als Königin abgesetzt.

Schwerwiegende Konsequenzen – warum dies alles, bevor am kommenden Montag der (Schul-)Alltag wieder losgeht? Weil wir erfahrungsgemäß im Alltag das »Nein« oft brauchen. Es gibt manchmal den Punkt, an dem wir »Nein« sagen müssen, zu unserem Schutz, auch wenn es uns schwer fällt und die Konsequenzen wehtun. Es ist vielleicht ein »Nein« gegenüber Ansprüchen und Erwartungen in der Partnerschaft oder der Familie, auch gegenüber Kindern, es ist vielleicht ein »Nein« gegenüber Kollegen oder gegenüber einer Leitungsperson. Manchmal ist so ein »Nein« notwendig – auch wenn die andere Person irritiert ist, auch wenn ich sonst nie »Nein« gesagt habe. Manchmal ist ein »Nein« viel mutiger als zu allem »Ja und Amen« zu sagen. Vielleicht ist es deshalb gut zu überlegen, wo ich selbst, wo wir als Familie »Nein« sagen können und sollten.

SAMSTAG

Das andere »neue Jahr«

Schulstart – als ABC-Schütze oder als älteres Schulkind. Wie treten wir als Familie in diese neue Phase im Leben des Kindes ein?

Es gibt im Leben von Kindern nicht nur die Rhythmisierung des Lebens anhand von Geburtstagen oder des Kirchenjahres, ganz elementar ist das Schuljahr, das den Rhythmus des Jahres bestimmt. Lehrer oder anderweitig in der Bildung und Erziehung Tätige nehmen diese Rhythmisierung aus der Kindheit mit in ihr Erwachsenenleben. Das Jahr beginnt aus dieser Sichtweise heraus nun mal im August oder September. Wie wäre es deshalb zum Schulstart mit einer kleinen »Neujahrsfeierlichkeit« im Familienrahmen?

Ein gemeinsames Frühstück am festlich gedeckten Tisch, kann diesem besonderen Tag einen würdigen Start verleihen.

ABC-Schützen marschieren mit einer Schultüte in Richtung Schule, sie ist ein wichtiges Zeichen für die Kinder: Ich bin nun in einem neuen Lebensabschnitt angekommen. Aber auch Kinder, die schon in die zweite oder dritte Klassen gehen freuen sich über ein kleines Geschenk, das sie für diesen Eintritt in das nächste (Schul-)Jahr mit »auf den Weg« bekommen.

Nach dem ersten Schultag könnten Sie gemeinsam zum Essen gehen oder zu Hause das Lieblingsgericht der Kinder kochen.

In der Schule gibt es vielerorts einen Schulanfangs-Gottesdienst, in dem die Kinder Gott um seinen Segen für das neue Schuljahr bitten, und in dem sie sich einstimmen auf das Kommende.

★ Was verbindet ihr mit dem Beginn des Kindergarten- oder Schuljahres im Spätsommer?

★ Wie wichtig ist dieser Zeitpunkt für euch als Familie?

★ Wie ist euer »Familiengefühl« um diesen Zeitpunkt herum? Seid ihr fröhlich, neugierig oder eher betrübt, dass die viele Arbeit und der tägliche Stress nun wieder zunehmen?

★ Wie geht es euch Kindern? Wie denkt ihr über den Beginn des »anderen« Jahres, des Schul- oder Kindergartenjahres? Was heißt es für euch, wieder täglich, zumindest vormittags, außer Haus zu sein?

★ Wie seht ihr dem neuen Kindergarten- oder Schuljahr entgegen? Welche Gefühle, welche Befürchtungen oder Hoffnungen habt ihr?

SONNTAG

Die spirituelle Schultüte

»Und jedem Anfang wohnt ein Zauber inne …«, schrieb Hermann Hesse.

Oft fiebern Kinder auf den (Wieder-)Beginn des Schuljahres zu und kleine Kinder freuen sich auf die Kindertagesstätte. Manchmal ist der Beginn aber auch voller Sorgen und Zweifel: Wie wird es mir gehen? Wie komme ich weiter, nachdem es letztes Jahr nicht so gut geklappt hat?

Ein tiefes Vertrauen, dass wir nicht alleine gehen werden, hilft weiter. Diese tiefe Geborgenheit können wir Menschen erleben, wenn wir uns Gott anvertrauen. Wir können gemeinsam eine »spirituelle Schultüte« packen. Wir packen z. B. eine Prise Mut für die neuen Herausforderungen hinein, ein Päckchen Vertrauen, dass wir nicht alleine in dieses neue Jahr gehen, ein paar Stücke Trost für die Ungewissheiten, was auf uns zukommen wird. Dies können wir alles hineinlegen in diese »Schultüte« und es am Abend vor dem ersten Tag des neuen Schul- bzw. Kindergartenjahres in einem Gebet formulieren. So können wir beginnen:

Guter Gott,
du begleitest uns auf allen unseren Wegen und lässt uns nicht allein.
Am Beginn des neuen Schuljahres bitten wir dich um deine Begleitung.
Wir bitten dich …

Wir können uns an Gott wenden, weil jeder Einzelne von uns sein Lieblingsgeschöpf ist. Unsere Gedanken, Gefühle und Sehnsüchte, Sorgen, Klagen und manchmal auch unsere Verzweiflung sind immer schon mit Gott verbunden, weil er sich mit uns verbündet hat. Im Gebet zu Gott drücken wir unsere Verbundenheit und Zugehörigkeit zu ihm in allen unseren Lebenslagen aus.

Die verschiedenen Gebete wie Danken, Lobpreisen, Halleluja singen, aber auch die Klage- und Verzweiflungsgebete sind Ausdruck unserer verschiedenen Lebenssituationen, die wir mit Gott in Verbindung bringen. Eine direkte Antwort bekommen wir von ihm nicht. Manchmal aber »hören« wir in Gedankenblitzen oder durch andere Menschen, was er uns sagen will und dass er uns tröstet.

Immer nur Schule

FREITAG

Zum Schulalltag gehört auch ein Stück Fremdbestimmung – für alle Beteiligten. Es ist nicht mehr möglich, am Morgen liegenzubleiben, so lang man möchte, sondern die Schule bestimmt das Aufstehen, die Schule bestimmt Arbeit und Pausen, besetzte und freie Zeit – die Schule gibt den Rhythmus vor.

»Willkommen in der Realität« müsste man fast etwas zynisch sagen. Das ist ja wie bei den Erwachsenen. Wenn der Arbeitsplatz keinen Freiraum und keine Selbstbestimmung ermöglicht, müssen wir uns an den Arbeitsrhythmus des Arbeitgebers anpassen – Kernzeiten und Gleitzeiten bieten oft einen wichtigen Spielraum. Wir müssen den Urlaub mit den Kolleginnen und Kollegen absprechen, im Normalfall ist genau vorgegeben, was wir in der Arbeit, im Dienst zu tun und was zu lassen haben.

Manchmal erleben wir den Rhythmus als Korsett, aber es gibt auch Sicherheit, strukturiert die Tage und gibt damit vor, wann zu erfüllende Aufgaben im Vordergrund stehen und wann wir frei sind. Manchmal wird uns die Bedeutung dieser Struktur erst bewusst, wenn sie verlorengeht, wenn sie fehlt.

Erwachsene kennen auch die Schattenseite, keine Arbeit, keinen Rhythmus zu haben. Eingebunden sein in diesen Alltag heißt auch, dazuzugehören. Kinder wollen meist nach ein paar Krankentagen gerne wieder zur Schule gehen – damit sie wieder dabei sind, dazugehören. Es ist gut, diese Seite der Arbeit auch immer wieder zu sehen – sie gibt uns einen Rahmen, eine Struktur in den Tag und die Woche. Jetzt aber ist Freitagabend – und es stehen Ihnen hoffentlich einige freie Tage bevor, deren Rhythmus von Ihnen und Ihrer Familie bestimmt wird.

SAMSTAG

»Mist!« – falsch geplant

Kathrin kommt aus der Schule nach Hause. Es ist Freitag, diese Woche hat die Schule nach den langen Sommerferien wieder angefangen. Obwohl sie sich eigentlich wie immer auf die Schule gefreut hat, ist sie im Moment ziemlich genervt. Sie hat heute ihren Stundenplan bekommen. Ausgerechnet mittwochs, wo sie eigentlich mit ihrer Freundin an der neuen Hip-Hop-Gruppe im Sportverein teilnehmen wollte, ist nun Nachmittagsunterricht. Und nun? Kathrin ist so traurig, und so frustriert, dass sie am liebsten weinen möchte.

Die Schule »regiert« manchmal ganz schön in die Familie und die Freizeit hinein. Es gibt Situationen, in denen Kinder, selbst wenn sie eigentlich gerne zur Schule gehen, von dieser Institution und ihrer Macht genervt sind, weil sie Freizeitpläne durchkreuzt. Oft ist es dann schwierig, oder auch gar nicht möglich, Alternativen zu finden.

Überlegt gemeinsam:

★ Wie wirkt sich der Stundenplan auf euer Familienleben aus?
★ Welche Rolle spielen die Hausaufgaben in eurem Familienleben?
★ Gibt es während der Woche Zeit für die Familie?

Vielleicht ist jetzt ein guter Zeitpunkt, um einen Wochen-Stundenplan für die Familie zu erstellen.

★ Wie sieht die Wochenplanung der einzelnen Familienmitglieder aus?
★ Wo bleibt noch Zeit füreinander?
★ Wo sind Zeit-Oasen, die für die Familie reserviert werden können?
   Wann ist Zeit, um miteinander zu sprechen, einander vorzulesen …?

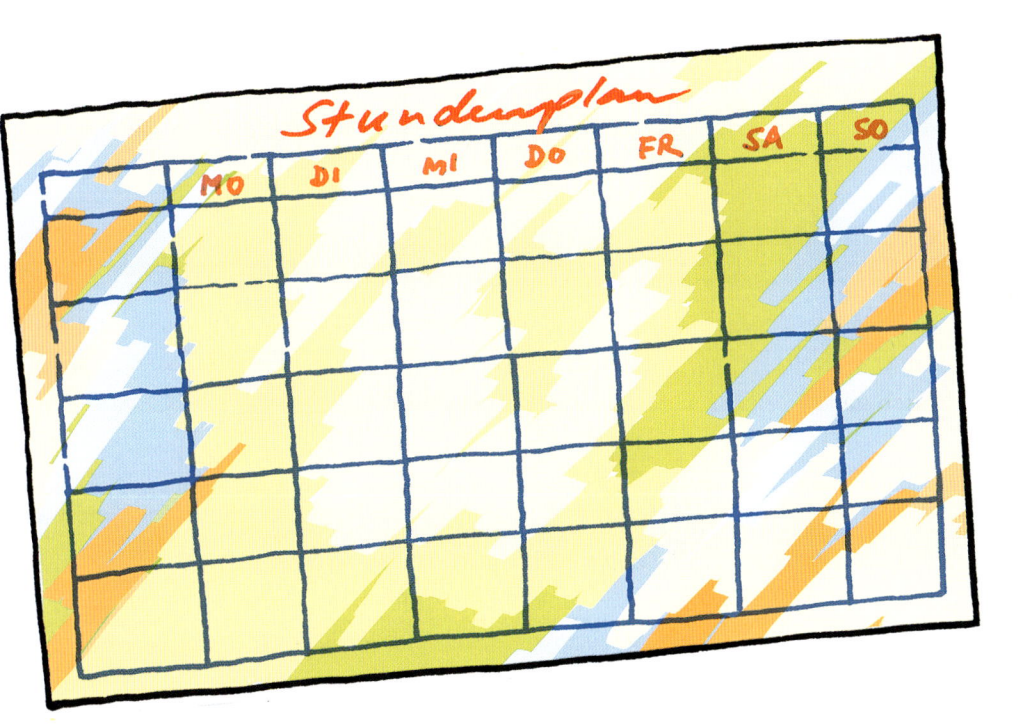

SONNTAG

Neuer Start – neues Glück

Endlich wieder die Freunde und Freundinnen in der Schule treffen, die Lehrerin, den Lehrer! Oder aber: Ich habe keine Lust in die Schule zu gehen – schade, dass die Ferien schon wieder vorbei sind!

Am Beginn des neuen Schuljahres liegt eine gewisse Spannung in der Luft. Was wird auf uns zukommen, als Kind und als Eltern? Es wird wieder viele Nachmittage mit Hausaufgaben geben und so manches Wochenende wird von der Schule besetzt sein – oder eben auch nicht. Wichtig ist es, als Familie die Aufgaben so zu planen, dass der Sonntag nicht mit Schularbeiten belegt werden muss.

Der Sonntag gehört der Familie: Wir können miteinander feiern, etwas unternehmen, uns ausruhen, einen interessanten Film anschauen oder kuschelig auf dem Sofa sitzen und gemeinsam ein Buch lesen. Wir können darüber nachdenken, wie wir Hausaufgaben und Lernen anders einteilen können und uns an Abmachungen halten.

Zum Beginn des neuen Schuljahres ist es deshalb eine wichtige Familienaufgabe, Vereinbarungen zu treffen, die verhindern, dass es am Wochenende Streit und Ärger über die Schulaufgaben gibt. Eltern kommt dabei die Rolle zu, ihre Kinder zu unterstützen und den Druck nicht noch zu erhöhen. Suchen Sie gemeinsam in Ihrer Familie Orte und Zeiten, in denen die – doch meist auch am Wochenende unvermeidbaren – Schulaufgaben erledigt werden können. Das kann gleich am Freitagnachmittag sein oder auch am Samstagvormittag, während ein Elternteil vielleicht die Besorgungen erledigt oder für die Eltern der Wohnungsputz ansteht oder natürlich auch ein anderer Zeitpunkt. Klar ist: Wenn der Sonntag frei von Arbeit sein soll, dann muss es davor oder danach eine Möglichkeit geben, die Arbeit in Ruhe zu verrichten – das gilt für Besorgungen und den Wohnungsputz genauso wie für die Schulaufgaben. Denn es ist absehbar: Wenn die Familie ihr Wochenende gemeinsam gestalten möchte, wird es immer wieder auch dazugehören, lästige Schulaufgaben in die Planung mit einzubeziehen. Der Schuljahresbeginn ist ein guter Anlass, in der Familie darüber zu sprechen – damit gilt: neuer Start – neues Glück!

»On tour« mit dem Fahrrad

FREITAG

Der Herbst steht vor der Tür, die ersten Blätter verfärben sich und fallen herunter. Eine wunderbare Zeit, um draußen etwas zu unternehmen, eine Wanderung, oder auch eine Fahrrad-Tour. Dann sehen wir vieles, wir nehmen die Natur wahr, wir riechen vielleicht die Veränderung der Jahreszeit in der Luft. Wir nehmen die Welt um uns herum mit allen Sinnen wahr, »Wahr-nehmen« – im wahrsten Sinn des Wortes.

Doch nehmen wir unsere Umgebung eigentlich noch richtig wahr? Stellen Sie sich vor, Sie sehen Ihre Kollegin Frau S. fast täglich, denn sie geht immer an Ihrer Bürotür vorbei. Meist ist diese Tür offen, dann grüßen Sie sie kurz. Am Abend erzählen Sie von Ihrem Tag und plötzlich fällt Ihnen auf, dass Sie gar nicht wissen, ob Frau S. eine Brille trägt oder nicht. Ihnen wird bewusst, wie Sie hinsehen und doch nicht hinsehen, wie Sie wahrnehmen und doch nicht wirklich aufmerksam sind.

Vielleicht ist es Ihnen auch schon einmal so oder so ähnlich ergangen. Stellen Sie sich doch einfach mal die Frage: Wie genau nehme ich wahr? Wie genau nehme ich Menschen wahr, die mir wichtig sind?

Nehmen Sie sich für dieses Wochenende ganz konkret vor, hinzusehen, wahrzunehmen. Eigentlich ein schönes Wort »wahr-nehmen«: Ich öffne meine Augen, ich sehe und nehme das, was ich sehe, für wahr. Nicht das, was ich gerne sehen möchte, auch nicht, was ich zu sehen befürchte, sondern einfach das, was ich »wahr-nehme«.

Für-wahr-nehmen, was uns Menschen sagen, was sie in ihrem Gesicht, in ihrer Körpersprache, in ihren Gefühlen zeigen, das ist gerade im engeren Familienkreis oft eine Herausforderung: Nicht schon zu wissen, was der Partner, die Partnerin, was die Kinder sagen und denken, nicht zu hören, was ich hören möchte …, sondern einfach: wahrnehmen.

SAMSTAG

Los geht's – eine Radtour in den Herbst!

Wenn das Wetter es zulässt, ist in den schon herbstlichen Septembertagen ein Ausflug mit dem Fahrrad ein wunderbares Familienereignis.

Es ist schon etwas Besonderes, sich als Familie auf den Weg zu machen:

Ihr könnt gemeinsam das Ziel eurer Tour festlegen, überlegen: Wo wollen wir hinfahren?

Gemeinsam könnt ihr auch festlegen, wie der gemeinsame Rad-Tag ablaufen wird, also ob ihr an eurem Ziel noch etwas gemeinsam spielen wollt, ein Picknick am See machen werdet, einen Abenteuerspielplatz mit Grillplatz besuchen wollt oder Ähnliches.

Ihr fahrt gemeinsam los, macht euch gemeinsam auf den Weg.

Vielleicht gibt es anstrengende Abschnitte, die euch zum Schwitzen bringen, die mühselig sind, und euch eure Grenzen aufzeigen.

Situationen, in denen ihr einander unterstützen könnt, füreinander da sein könnt – das gemeinsame Ziel im Blick.

Ihr könnt die Landschaft genießen, euch auf die Schönheit der Natur und Umgebung aufmerksam machen.

Ihr könnt euch untereinander wahrnehmen, erkennen, wie sich die oder der andere fühlt, was ihr oder ihm gefällt.

Jeder ist wichtig, jeder ist ein Teil, jeder hat Verantwortung für das gemeinsame Erlebnis.

Am Ende wird sich Freude breit machen, Freude über das Geschaffte, über den Sieg über die Schwäche, die Anstrengung, den Muskelkater.

Probiert es doch einfach mal aus!

SONNTAG

Wunderbar geborgen sein

Sich geborgen fühlen heißt, sich sicher, aufgenommen, angenommen und geliebt zu fühlen. Dieses Gefühl ist für Kinder in ihrer Entwicklung unersetzlich. Sie erfahren Geborgenheit in der Kommunikation der Familie, aber auch im Umgang miteinander.

Der Sonntag bietet dafür einen besonderen Raum, er gehört der Familie. Wir können gemeinsam in den Gottesdienst gehen, gemeinsam essen, gemeinsam spielen – und auch gemeinsam eine Fahrradtour machen.

Den Sonntag als Familie zu verbringen, bedeutet nicht, dass wir uns zu Hause »einigeln« oder »einschließen«!

Wie wäre es mit einer sonntäglichen Fahrradtour? Gemeinsam suchen wir nach einem Ziel, das alle in der Familie gut erreichen können, packen alles ein, z.B. ein Picknick, Badesachen, wenn es an einen See geht, einen Ball zum Spielen usw. Rücksicht aufeinander zu nehmen, ist wichtig. Auch die Sicherheit: Der Fahrradhelm ist selbstverständlich, denn unser Kopf ist uns wertvoll.

Zusammen langsam vor sich hin »radeln« oder auch mal ganz schnell – Wiesen, Felder, Wald und Häuser ziehen an uns vorbei, Autos überholen, Vögel kreuzen unseren Weg oder begleiten uns. Die Schöpfung Gottes so bewusst wahrzunehmen, ist schon eine Gottes-Meditation.

Für viele kleinere Kinder ist es ein besonderes Erlebnis, wenn sie selbst schon so gut Fahrrad fahren können, dass sie eine Strecke auf dem eigenen Rad bewältigen können. Ihnen Mut zuzusprechen und sie am Anfang vielleicht schützend zu begleiten, ist wichtig, sie dann aber auch immer mehr »frei« fahren zu lassen. Das gibt ihnen Selbstbewusstsein.

Wir behalten einander im Blick und bleiben in Kontakt.

Gemeinsam etwas zu unternehmen und dies auch gemeinsam zu planen, stärkt den Zusammenhalt in der Familie. Die Kinder haben die Eltern mal so richtig für sich und genießen einen solchen Tag mit großer Freude.

38. Wochenende: Bei den Großeltern

FREITAG

Für die meisten Eltern ist es wichtig, dass ihre Eltern sich für die Enkelkinder interessieren. Es ist wichtig, am Umgang mit den Enkelkindern zu sehen, wie das wohl war, als man selbst Kind war. Aber auch zu sehen, wie vielleicht der eigene Vater, der damals keine Zeit und keine Nerven für seine Kinder hatte, jetzt bei den Enkelkindern stundenlang spielen kann, den Enkelkindern hilft, die Welt zu entdecken, da und zugewandt ist – manchmal wie eine späte »Wiedergutmachung« dessen, was bei den eigenen Kindern nicht möglich war, was verstellt war durch Vorstellungen von richtiger Erziehung, Strenge und anderen »Erziehungsidealen«.

Für Eltern ist es oft nicht einfach, zwischen beiden Großelternpaaren einen guten Weg zu finden. Großmütter sind oft die wichtigsten Ratgeberinnen für ihre Töchter, zugleich darf es kein »Dreinreden« sein, die Entscheidung, wie tatsächlich mit den Kindern umgegangen wird, liegt bei den Eltern.

Großeltern sind oft in der Betreuung von Kindern eine zentrale Hilfe, im Alltag, wenn sie ein schneller, unkomplizierter Babysitter sind. Und in möglichen Krisenzeiten in der Beziehung der Eltern können Großeltern einen bedeutsamen, einen stabilen Platz für die Enkelkinder bieten, indem sie einfach da sind.

Nehmen Sie sich heute einmal die Zeit, sich selbst zu erinnern, wie Sie Ihre Großeltern erlebt haben? Wie war Ihre Beziehung zu den Großeltern? Wenn Ihre eigenen Großeltern schon früh verstorben waren, gab es andere »großelterliche« Personen? Was ist Ihnen wichtig, dass Ihre Kinder mit und bei den Großeltern erleben können?

SAMSTAG

Besuch bei den Großeltern

Lara fährt mit ihren Eltern übers Wochenende zu ihren Großeltern. Die haben außerhalb der Stadt ein kleines Häuschen mit einem Garten, in dem die schönsten Rosen blühen. Lara freut sich schon sehr, sie findet es bei ihren Großeltern einfach wunderbar.

Als Laras Vater den Wagen in die Einfahrt lenkt, sieht Lara schon ihre Großmutter. Sie schneidet gerade die Rosen, lässt aber gleich ihre Arbeit liegen und kommt dem Besuch lächelnd entgegen. Freudestrahlend schließt sie Lara in die Arme. »Wie gut doch Oma riecht«, denkt Lara, »so eine Mischung aus Obst und Blumen, ein bisschen Erde – und Ruhe.«

Auch der Großvater kommt aus dem Haus – er war wohl in seinem Arbeitszimmer und hat seine Akten studiert, wie er es oft tut – er ist Arzt in einer nahegelegenen Klinik, Spezialist für Herzkrankheiten. Oma ist Psychotherapeutin wie Laras Mama und in gewisser Weise auch für die Herzen ihrer Klienten zuständig. Und sie kann wunderbar zuhören, findet Lara. Ein bisschen besser als Mama, die so oft im Stress ist.

Nachdem sich alle ausgiebig begrüßt und gedrückt haben, hilft Lara gemeinsam mit ihrer Mutter der Großmutter bei den Rosen. Alle Rosen, die bereits verblüht sind werden gestutzt – an einer bestimmten Stelle, wie ihr die Großmutter erklärt, oberhalb des ersten grünen Zweiges mit fünf Blättern. Wenn man das macht, gelangt der Rosenbusch zu neuer Blüte. Oma ist sehr genau und Lara will ihre Sache auch gut machen und bemüht sich sehr.

Großvater und Laras Papa sind derweil schon in der Küche verschwunden, sie trinken einen Aperitif und kochen gemeinsam ein ausgefallenes GenießerMenü. Kochen ist das Hobby der beiden, und sie kochen sehr gerne gemeinsam. Dabei unterhalten sie sich über Gott und die Welt.

Nach dem ausgiebigen Mittagessen gehen alle gemeinsam spazieren, das Wetter ist wunderbar. Lara geht zwischen Oma und Opa und während die Erwachsenen sich über dies und das unterhalten, hört sie nur zu und genießt es, ihre Familie beisammen zu haben.

Als Lara und ihre Eltern später wieder im Auto sitzen und nach Hause fahren, lauscht Lara dem Gespräch ihrer Eltern. »Ich finde das bewundernswert, wie viel Ruhe meine Eltern ausstrahlen«, sagt Laras Mutter, »und dabei arbei-

ten sie beinahe genau so viel wie wir! Mein Vater hat so viel Verantwortung und meine Mutter hat auch kaum weniger Patienten als ich!« »Ja, weißt du, das scheint wohl die Weisheit des Alters zu sein«, entgegnet Laras Vater, »dass die Menschen bewusster leben, die Langsamkeit entdecken und zulassen, obwohl heutzutage so vieles so schnell gehen soll. Und das ist ein ganz anderes Lebensgefühl. Ich fühle mich selbst immer sehr entspannt nach diesen Tagen mit deinen Eltern.«

»Ja, mir geht es auch immer gut bei Oma und Opa«, denkt Lara, lehnt sich zurück und ein Lächeln huscht über ihr Gesicht.

Für die Kinder:

★ Wie ist in eurer Familie der Kontakt zu den Großeltern?

★ Seht ihr sie häufig oder eher selten? Vielleicht nur einmal im Jahr?

★ Wie ist es, wenn ihr die Großeltern besucht, oder sie euch besuchen? Wie fühlt ihr euch dann, welche Empfindungen habt ihr, wenn ihr an eure Großeltern denkt?

★ Was ist das Beste an euren Großeltern? Versucht es, einander zu beschreiben.

Für die Erwachsenen:

★ Wie ist der Kontakt zu Ihren Eltern und Schwiegereltern?

★ Wie fühlen Sie sich, wenn Sie an sie denken?

★ Welche Funktion haben Ihre Eltern und Schwiegereltern für Ihre Kinder?

★ Tauschen Sie sich als Familie über die Rolle Ihrer Eltern und Schwiegereltern für Sie, Ihre Kinder, für Ihre ganze Familie aus. Welche Gefühle sind im Spiel?

SONNTAG

Der Schatz der Großeltern

Viele Kinder haben zu ihren Großeltern eine spezielle Beziehung. Das kommt nicht von ungefähr, denn oft sind es ja die besonders schönen Situationen – ohne Schule, Diskussionen in der Familie oder Streit –, die Enkelkinder bei Oma oder Opa erleben.

Ebenso blühen Großeltern auf, wenn ihnen Kinderaugen entgegen strahlen. Für viele ist es, als käme eine frühere Lebensphase noch einmal, die Zeit, als die eigenen Kinder sie mit großen Augen angestrahlt haben.

Großeltern können wie eine zweite Linie von Geborgenheit, Schutz und Zuwendung sein. Es ist eine andere Beziehungsqualität als zwischen Kindern und Eltern. Der Altersabstand ist größer und auch die Erfahrungen sowie das Gefühl, nicht mehr die Hauptverantwortung zu tragen.

Großeltern können auch Schutz bieten, wenn es in der eigenen Familie nicht so gut klappt. Oft sind Großeltern auch ein Ausgleich zur Familie. Damit werden sie zu einem Anker für Enkelkinder und deren Eltern.

Der zwar noch kleine, aber deutlich vernehmbare gesellschaftliche Trend zu Mehrgenerationenhäusern zeigt das große Bedürfnis nach einem Zusammenrücken von »Alt und Jung« – ohne den je eigenen Bereich ganz aufgeben zu müssen.

Dafür müssen Großeltern sich andererseits aber auch zurücknehmen und nicht besserwisserisch oder rechthaberisch in die junge Familie eingreifen. Sonst bringen sie ihre Kinder und Enkelkinder in schwierige Situationen. Die Hauptverantwortung für die Erziehung der Kinder haben die Eltern. Sie kompetent zu unterstützen, kommt auch den Enkelkindern zugute. Die Enkelkinder aber gegen ihre Eltern aufzubringen, führt zu Spannungen.

Dies gilt auch für die religiöse Begleitung der Enkelkinder. Oft finden es die Enkelkinder interessant, dass Oma und Opa vor dem Essen beten oder mit ihnen in die Kirche gehen, eine Kerze anzünden.

Junge Eltern, die dazu möglicherweise keinen Zugang haben, können sich dann freuen, dass ihre Kinder auf diesem Wege noch eine andere Welt kennenlernen – zusätzlich zu der, die sie ihnen vermitteln wollen und können. Zu Rivalität sollte dies aber nicht führen.

Wenn Familie sich wandelt

FREITAG

Heute unterscheidet man zwischen biologischen Eltern, dem Vater und der Mutter, der ein Kind gezeugt und die es geboren hat, und den sozialen Eltern, also den Elternteilen, bei denen ein Kind aufwächst und die es durch die Jahre begleiten. Biologische Eltern und soziale Eltern sind oft identisch, müssen es aber nicht sein. Und wir unterscheiden noch eine dritte Ebene, nämlich den symbolischen Vater und die symbolische Mutter. Dies hält im Bewusstsein, dass – neben allen Erfahrungen, die wir mit unseren eigenen biologischen und/oder sozialen Eltern machen, es immer noch eine Ebene der inneren Bilder, der Sehnsucht und der Wünsche an Eltern gibt.

Jeder Mensch entwickelt seine eigenen Elternbilder. Spannend ist, sich als Erwachsene, falls möglich, mit den Geschwistern über die Erfahrungen mit den Eltern auszutauschen. Doch was passiert mit diesen Eltern-Bildern, wenn es in Familien zu Trennungen kommt? Die Trennung, das wissen wir heute, betrifft die Paarebene. Beide, Vater und Mutter, bleiben den Kindern Eltern. Es ist eine anspruchsvolle Aufgabe, sich als Paar zu trennen und Eltern zu bleiben. Das Paar muss Abschied voneinander nehmen – von den Anteilen, die so schwierig waren, aber auch von den »guten Anteilen«, die man gerne mochte, die man geliebt hat.

»Wenn sich die Familie verändert« – das ist für alle beteiligten Personen ein herausfordernder, ein schwieriger Prozess. Ob wir Trennung selbst erleben oder ob es in unserem Umfeld zu Trennung kommt – gut ist, wenn das Gespräch untereinander nicht abreißt, wenn Angehörige und Freunde da sind, mit denen wir im Gespräch und im Austausch darüber bleiben können, wie es uns geht, was uns beschäftigt …

SAMSTAG

Alte und neue Familien

Pia ist acht Jahre alt. Sie lebt in einer deutschen Stadt, in einem Reihenhaus, in einer »ganz normalen« Familie mit Mama Lisa, Papa Leo, und den zwei Brüdern Tom und Julian. Und doch: Es war ein langer Weg, ehe die Familie sich so gefunden hat: Pias Mama Lisa hat Papa Alex geheiratet, als sie mit Pia schwanger war. Die beiden fingen aber irgendwann immer öfter an, sich zu streiten. Warum, das weiß Pia nicht mehr. Aber dass es nicht schön war, das weiß sie schon noch. Damals war Pia fünf und im Kindergarten. Kurz vor der Einschulung haben sich Mama Lisa und Papa Alex getrennt. Papa Alex ist in eine andere Wohnung gezogen, am anderen Ende der Stadt. Lisa fand das anfangs echt traurig, dass sie ihren Vater nur mehr am Wochenende sehen konnte. Aber irgendwie war das doch gut, denn Papa Alex nahm sich samstags wirklich immer Zeit für Pia, das hatte der vorher nicht getan. Und die Eltern stritten auch kaum mehr. Eine »Trennung im Guten« nennen das die Erwachsenen.

Einige Zeit später lernte Pia im Turnverein den gleichaltrigen Tom kennen. Und Toms Vater Leo lernte dann bei einem Vereins-Ausflug Mama Lisa kennen. Er war auch alleinerziehend. Die beiden fanden einander nett, immer öfter waren sie dann zu viert unterwegs: Mama Lisa, Leo, Tom und Pia. Irgendwann verliebten sich Mama und Toms Vater, und irgendwann heirateten sie, und aus Leo wurde mit der Zeit Papa Leo. Mama bekam noch ein Kind: Julian. Der ist nun schon zwei Jahre. Pia fühlt sich wohl in ihrer Familie. Ihren Papa Alex sieht Pia immer noch regelmäßig, aber sie haben nun vereinbart, dass Pia nur mehr alle zwei Wochen das Wochenende über zu Papa Alex fährt. Und in den Ferien macht sie zwei Wochen mit Papa Alex und seiner neuen Freundin Urlaub. Die beiden haben bisher kein Kind bekommen, sie arbeiten so viel und reisen um die halbe Welt, vielleicht passt das ja nicht mit einem Kind zusammen.

Pia hat Glück gehabt, dass alles so gut klappt, in ihrer großen Familie, und dass sie sich so wohlfühlt. Bei Florian aus ihrer Klasse ist das nicht so, bei ihm gibt es oft Streit in der alten und in der neuen Familie.

★ Wie ist eure Familie zusammengesetzt? Lebt ihr auch in einer sogenannten Patchwork-Familie?

★ Oder kennt ihr aus dem Freundeskreis Familien, die sich getrennt haben und dann neue Familien gegründet haben?

★ Wie ist das für die Betroffenen? Wie fühlen sich die Kinder? Wie geht es den Elternteilen, die sich trennen wollten? Und wie nehmen jene Elternteile, die sich vielleicht gar nicht trennen wollten, die Situation wahr?

★ Wie sollen sich die Eltern verhalten, damit das möglichst gut klappt? Und was können die Kinder dazu tun?

SONNTAG

Wenn Eltern sich trennen

Es gab schon länger Spannungen mit heftigem Streit, die Eltern sahen keinen anderen Weg mehr als sich zu trennen. Wenn das Kind an dem einen Wochenende bei seinem Vater und am anderen Wochenende bei seiner Mutter ist, wenn plötzlich ein anderer Mann in der Familie wohnt oder eine andere Frau – dann ist alles anders geworden.

Vielen Kindern wird diese Veränderung zugemutet, obwohl sie nie »schuld« daran sind, dass es so gekommen ist. Es waren Probleme und Entscheidungen der Eltern. Den Kindern bleibt trotzdem – obwohl es sehr weh tut – nichts anderes übrig, als sich darauf einzustellen.

Gerade in Situationen der Krise, der Enttäuschung und Wut ist Gott für uns da. Gott verlässt uns nicht, wenn es dunkel wird. Er ist bei uns, wenn wir in Probleme hineingeraten, zweifeln und wütend sind. Gott bleibt uns nahe, wenn wir ihn besonders nötig brauchen sowie im Umbruch und in den manchmal leidvollen Veränderungen unseres Lebens. Wir merken manchmal nur nicht, dass er bei uns ist.

Sich als Familie Gott anzuvertrauen, mit Gott zu sprechen und ihm das eigene Leid zu klagen, ist wichtig. Ihn aber auch um Mut und Kraft für die neue Situation zu bitten, kann Wege nach vorne öffnen.

Lieber Gott,
manchmal ist es zum Weinen.
Und dann wieder merke ich,
dass mein Leben weitergeht:
Gib mir und uns dazu Kraft.
Amen.

Oktober

Mit dem Oktober beginnt der Herbst, langsam aber sicher die Bäume zu färben. Aus dem leuchtenden Grün der letzten Monate wird nach und nach ein strahlendes Gelb, Rot und Orange, bevor die Blätter dann komplett von den Bäumen fallen. In diesem Monat steht auch das Fest Erntedank im Jahreskalender.

Welche Aktivitäten, Ideen und Basteltipps euch in diesem Monat erwarten, sehr ihr hier:

★ Erntedank – Wir sagen Danke
★ Abschalten – Den Stecker ziehen, abschalten,
    zur Ruhe kommen
★ Gemeinsam in der Küche – Bratäpfel machen
★ Krank im Bett – Auch das gehört zum Leben dazu

FREITAG

Beinahe jeden Tag hören wir in den Nachrichten von der Not von Menschen, von ihrem Kampf ums Überleben. Die Theologin Dorothee Sölle beschreibt aus vielen Begegnungen in Lateinamerika, dass sich bei ihr der Eindruck verdichtet habe, dass die Leute umso hoffnungsloser waren, je gebildeter und reicher sie waren: »Hoffnungslosigkeit ist ein Luxus der Reichen.« Sie empfindet Hoffnungslosigkeit als eine Art Luxus für diejenigen, die nicht wirklich kämpfen müssen für ihr Leben, für ihr Überleben.

Wenn wir diesen Gedanken einmal näher betrachten wird deutlich: Wir können es uns leisten, manchmal hoffnungslos zu sein, weil unser Alltag geregelt ist, das Einkommen gesichert und wir nicht für unser Leben kämpfen müssen. Wir können es uns leisten, manches negativ zu sehen, »durchzuhängen«, über Kleinigkeiten zu jammern.

Diese »Hoffnungslosigkeit« betrifft häufig uns Erwachsene. Wir malen Bilder für die Zukunft: Eine menschliche Schule für das eigene Kind – dafür engagieren sich Eltern, aber dass die Firma, in der man selbst arbeitet, menschlicher würde, daran ist nicht zu denken, darauf ist nicht zu hoffen. Wir halten Freunde für unsere Kinder für wichtig, wir unterstützen sie, damit sie ihre Freunde treffen können, selbst aber haben wir oft nur mehr Kollegen anstelle wirklicher Freunde.

Was dies mit »Erntedank« zu tun hat? »Hoffnung« und »Dank« sind wie die zwei Seiten einer Medaille: Dank ist primär rückblickend, für Vergangenes kann ich Danke sagen. Hoffnung geht in die Zukunft, beide Aspekte gehören zusammen. Probieren Sie es doch mal aus: Wenn wir uns bewusst machen, wofür wir dankbar sind, haben wir auch einen offeneren Blick für Künftiges. Der Dank für Vergangenes gibt uns Zuversicht für das Kommende. Einen kurzen Moment zu spüren, wofür wir im Leben, wofür wir gegenwärtig dankbar sind – das kann unser Wochenende verändern …

SAMSTAG

Erntedank

Das Erntedankfest hat im Christentum eine sehr lange Tradition: es ist belegt seit dem 3. Jahrhundert als Fest des Dankes für die reiche Ernte, für die Gaben der Natur, die durch die Liebe Gottes entstanden und uns zuteil geworden sind. Eine reiche Ernte sichert unser Überleben – damals wie heute. Also ist eine gute Ernte immer noch ein guter Anlass zu danken!

In Deutschland, hier besonders im Süden der Bundesrepublik, in Österreich und in der Schweiz gibt es verschiedene Bräuche zum Erntedankfest. Es werden aus reifen Ähren Erntekronen oder Erntekränze gebunden, die in einer Prozession zur Kirche getragen werden. Mancherorts werden Erntepuppen hergestellt, die dann auf dem Feld bleiben und die Dankbarkeit symbolisieren. Es werden Körbe mit den Früchten der Felder gefüllt, in die Kirche gebracht und im Gottesdienst gesegnet. Es gibt Feste, bei denen gegessen, getrunken und getanzt wird, und vieles mehr.

Da in den verschiedenen Regionen die Erntezeit unterschiedlich ist, wird zu unterschiedlichen Zeiten das Erntedankfest gefeiert. Für Deutschland hat die Katholische Bischofskonferenz 1972 den Zeitpunkt für das Erntedankfest auf den ersten Sonntag im Oktober gelegt. In Österreich findet das Fest etwas früher statt. In evangelischen Kirchengemeinden wird das Fest des Erntedanks um den 29. September, das ist der Tag des heiligen Michael, gefeiert.

★ Wie feiert ihr in eurer Gemeinde Erntedank?

★ Habt ihr schon einmal an einem Erntedankfest teilgenommen?
  Was hat euch daran besonders gut gefallen?

★ Schaut doch einmal in den Terminkalender eurer Kirchengemeinde –
  wann wird dieses Jahr das Erntedankfest gefeiert? Nehmt daran teil,
  feiert mit und tauscht euch danach über eure Eindrücke zum Fest aus.

Ein guter Zeitpunkt für die Gaben zu danken, die wir von Gott erhalten,
um täglich unseren Ernte-Dank auszusprechen, ist vor dem gemeinsamen
Essen.

Jedes Tierlein hat sein Essen,
jede Pflanze trinkt von dir,
hast auch unser nicht vergessen,
Gott, wir danken dir.

Lieber Jesus,
sei unser Gast
und segne
was du uns gegeben hast.

Aller Augen warten auf dich, Gott.
Denn du gibst uns Speise zur rechten Zeit.
Du öffnest deine Hand und erfüllst alles was lebt mit deinem Segen.

Welche Gebete kennt ihr? Schreibt sie auf kleine Zettel aus festem
Papier, sammelt sie in einem Stoffsäckchen – jeden Tag vor dem
Essen zieht ein Familienmitglied ein Gebet und liest es vor.

SONNTAG

Grund genug zu danken

Das Essen steht auf dem Tisch. Wir haben Hunger. Wir freuen uns, dass es etwas zu Essen gibt und wollen am liebsten gleich loslegen und möglichst viel bekommen.

Aber wir leben bewusster, wenn wir uns vor dem Essen die Hände reichen und ein Dankgebet sprechen.

Es ist eine Geste der Dankbarkeit, wenn wir an den Schöpfer aller guten Gaben denken und uns bedanken. Danken, dass wir in diese Welt kommen durften, dass er über Millionen Jahre hinweg die Erde erschaffen hat, dass wir vom Wasser, von den Pflanzen, der Luft, dem Boden und den Tieren leben können.

Dass wir jeden Tag ausreichend zu essen haben, dafür sorgen viele verschiedene Menschen hier in unserer Nähe, aber auch auf anderen Kontinenten. Auch die Zubereitung unseres Essens braucht jeden Tag Zeit und eine gute Logistik. Im Supermarkt und vielen anderen Läden arbeiten Menschen, damit wir die Lebensmittel einkaufen können. Lastwagenfahrer bringen sie oft nachts über weite Strecken dorthin. Davor mussten sie vielleicht mit dem Schiff übers Meer gebracht werden. Irgendwo auf der Welt wurden verschiedene Pflanzen erst zu den Lebensmitteln verarbeitet, die wir in der Küche benutzen. Gewürze zum Beispiel wachsen nicht als Pulver in Dosen auf Bäumen. An alle diese Menschen können wir bei unserem Tischgebet denken und ihnen danken.

Denken können wir auch an die vielen Kinder auf dieser Welt, die zur selben Stunde quälenden Hunger und Durst leiden müssen. In unserem Gebet können wir Gott bitten, dass er diesen Menschen hilft – und das zum Anlass nehmen, auch selbst nochmals darüber nachzudenken, was wir gegen den Hunger auf der Erde tun können.

In der kommenden Woche können wir experimentieren, wie wir vor dem Essen Gott danken wollen. Wir können ein bekanntes Gebet auswählen, zum Beispiel von einem Gebetswürfel, oder aber selbst direkt mit Gott sprechen und unsere eigenen Gedanken formulieren.

41. Wochenende: Abschalten

FREITAG

Im Alltag sind wir oft geprägt von den Rollen und Aufgaben, die wir haben. Unser Verhalten ist davon bestimmt, was zu unserer Rolle passt, was sich schickt und was sich gehört. Es ist gut, eine Rolle zu übernehmen, im Beruf, aber auch in der Familie – sich anzustrengen, sich zu entwickeln, jemand sein zu wollen, Ansehen zu haben. Doch am Wochenende ist es anders, da kann ich – hoffentlich – ein wenig ausatmen, abschalten. Heute und für die nächsten Tage darf ich einfach sein.

Der Schriftsteller Peter Bichsel erzählt in den »Kindergeschichten«:
»Am Hofe gab es starke Leute und gescheite Leute, der König war ein König, die Frauen waren schön und die Männer mutig, der Pfarrer fromm und die Küchenmagd fleißig – nur Colombin, Colombin war nichts. Wenn jemand sagte: ›Komm, Colombin, kämpf mit mir‹, sagte Colombin: ›Ich bin schwächer als du.‹ Wenn jemand sagte: ›Wieviel gibt zwei mal sieben?‹, sagte Colombin: ›Ich bin dümmer als du.‹ Wenn jemand sagte: ›Getraust du dich, über den Bach zu springen?‹, sagte Colombin: ›Nein, ich getraue mich nicht.‹ Und wenn der König fragte: ›Colombin, was willst du werden?‹, antwortete Colombin: ›Ich will nichts werden, ich bin schon etwas, ich bin Colombin.‹‹«

Es ist eine etwas widerspenstige Geschichte, wie alle »Kindergeschichten« von Peter Bichsel. So schön es ist, sich zu entwickeln, etwas zu werden, jemand zu sein – so schön kann es auch sein, nicht in Konkurrenz treten zu müssen. Sondern manchmal sagen zu können: Ich muss nichts werden, ich muss nichts Besonderes sein, ich muss keine Rolle spielen. Ich darf einfach die Person sein, die ich bin. Wie Colombin sagen zu können: »Ich will nichts werden, ich bin schon etwas, ich bin ich.«

SAMSTAG

Und plötzlich ist es still

Es ist Samstag. Bei Familie Heine brennt die Luft, alle sind gereizt. Jakob telefoniert mit seinem Kumpel Alex, die beiden tauschen sich aufgeregt über das gestrige Fußballspiel aus, bei dem ihre Mannschaft haushoch verloren hat. Er schimpft in den Hörer. Beim Telefonieren wandert er im Flur herum und das macht seinen Vater total wahnsinnig. Er schreit aus der Küche: »Jakob, latsch hier nicht schimpfend im Haus herum, das macht mich total krank! Geh in dein Zimmer und mach die Tür zu, wenn du schon so laut motzen musst!« Jakob verzieht sich murrend. Dass sein Vater heute so empfindlich ist … Na ja, eigentlich war er ohnehin schon sauer, aber das weiß Jakob nicht. Ihm ist gerade ein neues Rezept für einen Kuchen misslungen – sieht irgendwie eher aus wie ein Riesenpfannkuchen, der etwas zu dunkel geworden ist. Genaugenommen fast schwarz. Und dabei wollte er seine Frau überraschen. Ob er beim Teigrühren wohl etwas vergessen hat? »Oh Mann, jetzt kann ich von vorn anfangen, es ist doch zum Mäusemelken!«, ruft er empört und buxiert das missratene Ergebnis seiner Backkunst zum Abkühlen auf die Terrasse.

Manuela kommt die Treppe herunter: »Papa, mein PC spinnt, der macht nicht, was ich will, und ich muss doch das Referat vorbereiten. Kommst du?«

Im selben Augenblick kommt Frau Heine zur Türe herein. Sie knallt den Schlüssel auf die Kommode: »So ein Mist, der Wagen hat einen Platten! Irgend so ein Wahnsinniger hat eine Schraube auf die Straße gelegt und jetzt steckt sie im Reifen. Und der ist jetzt total platt. So ein Mist aber auch, das hat mir heute gerade noch gefehlt! Ähm, Rudi«, wendet sie sich an ihren Mann, »was stinkt hier eigentlich so verbrannt?«

Gerade in dem Augenblick, als die Situation vollkommen aus dem Ruder zu laufen droht, macht es im Stromkasten ganz leise »klick« und dann ist es ruhig. Und etwas dunkler. Herr Heine schaut seine Frau an und dann seine Tochter. Jakob kommt aus dem Keller rauf, das Telefon in der Hand, und verkündet: »Stromausfall!«

★ Wie kann der Stromausfall die Situation beeinflussen? Oder geht das gar nicht?

★ Wie könnte die Geschichte weitergehen?

★ Kennt ihr Situationen im Leben, in denen es hilfreich ist, einfach mal abzuschalten?

SONNTAG

Den Alltag abschalten

Tagträume können wunderbar sein – weil die Welt in ihnen »traumhaft« problemlos sein kann: In der Realität spricht vielleicht sehr vieles bis alles dagegen, jetzt in den Urlaub zu fahren, in der Schule nur noch das Lieblingsfach zu haben oder als Mensch fliegen zu können. In meinen Tagträumen hingegen, ist das alles leicht möglich. Wenn ich in meinem Lieblingssessel sitze und vor mich hin denke, dann entstehen manchmal wunderschöne Tagträume. Die sind so wunderbar, weil mein Alltag dann plötzlich gar keine Rolle mehr spielt. Es ist wie Urlaub, eine richtige Unterbrechung. Und passt daher super zum Sonntag. Denn das soll der Sonntag ja sein: eine Unterbrechung unserer »normalen« Woche, in der wir in der Schule, der Arbeitsstelle und zu Hause so viele Dinge erledigen.

Der Sonntag soll nicht der Tag sein, an dem wir uns zu Hause um die Sachen kümmern, die dort auf uns warten (auch wenn das manchmal nicht anders geht) oder der Tag, an dem wir in Freizeitstress verfallen. Am Sonntag sind wir eingeladen, auch einmal richtig »abzuschalten«.

Der Sonntag ist der Tag der Ruhe. Vorbild dafür ist die Schöpfungsgeschichte, die erzählt, dass Gott die Erde in sechs Tagen erschuf und am siebten Tag ruhte: »Und er (Gott) ruhte« (Genesis 2,2). Nur das steht dort, kein Wort mehr. Nicht, dass es noch was aufzuräumen gegeben hätte und nicht, dass noch Dinge vorzubereiten gewesen wären. Gott ruhte.

Was würdest du tun, wenn du einmal gar nichts tun würdest?

Eine kleine Übung hilft, um am Sonntag selbst zu ruhen, einfach mal abzuschalten:

★ Such dir einen bequemen Platz, schließe die Augen, atme tief ein und aus und stelle dir vor, wie das wäre, nichts zu tun. Und schon geht der Tagtraum los …

★ Eine Idee fürs sanfte Aufwachen: Erzählt euch in der Familie von euren schönsten Tagträumen – das ist, wie wenn der Traum noch etwas weitergeht.

42. Wochenende:
Gemeinsam in der Küche

FREITAG

Wunderbar kann es sein, wenn jemand außer Haus arbeitet, am Freitag nach Hause zu kommen und im Haus schon den Geruch des Mittag- oder Abendessens wahrzunehmen. Manchmal gibt es am Wochenende etwas mehr Zeit, um gemeinsam zu kochen und zu essen, um Freunde oder Verwandte zu einer gemeinsamen Mahlzeit einzuladen. Am Ende eines Arbeitstages, am Ende einer Arbeitswoche kann es erholsam sein, gemeinsam das Essen herzurichten, ein wenig von der Woche zu erzählen und das Essen zu genießen. Im Jüdischen sind Essen und Trinken eine *mitzwa*, eine religiöse Weisung, ein Gebot, eine Gott wohlgefällige Tat.

Es erinnert an Kindheit, wenn wir von der Schule kamen und im Haus schon das Mittagessen riechen konnten – das war schön, sofern wir die Speisen mochten, die zu riechen waren. Manchmal konnte mit der Mama oder der Oma etwas besprochen werden, während sie beim Kochen war, es konnte von der Schule erzählt oder geklagt werden. Es ist gut, besondere Speisen zu haben, die Leib und Seele stärken – denn »Essen und Trinken« ist eine *mitzwa*, eine Verpflichtung und eine Gott wohlgefällige Tat.

Welches ist Ihr Lieblingsgericht? Welches Gericht, welche Lebensmittel verscheuchen bei Ihnen Sorgen und Nöte? Vielleicht ist es gerade an diesem Freitag wieder einmal gut, sich an all die Speisen zu erinnern, die wir gerne haben, an die Speisen unserer Kindheit, einander auch zu erzählen, was wir als Kinder gerne mochten – und was wir gar nicht essen wollten. Vielleicht ist es gerade an diesem Freitag wieder einmal gut, das Essen gemeinsam vorzubereiten, um dann mit etwas Ruhe zusammen zu essen, zu reden, ein wenig für Samstag und Sonntag zu planen – ohne dass der Fernseher läuft.

SAMSTAG

Bratapfelduft

Viktoria und Jakob sind mit ihren Eltern zu Besuch bei ihren Großeltern. Sie wohnen in einem kleinen Häuschen etwas außerhalb der Stadt. Ihr Opa hat vor vielen Jahren einen Obstgarten angelegt, und die Apfelbäume tragen wieder reiche Früchte. Gemeinsam mit ihm gehen Viktoria und Jakob hinaus. Die Herbstluft ist schon etwas kühler heute, und obwohl die Sonne scheint, merken die Kinder fröstelnd, dass der Sommer nun endgültig vorbei ist. Sie wollen die letzten Äpfel aufsammeln, die im Herbstwind vom Baum gefallen sind. Opa hat einen Weidenkorb, in den sie die Früchte legen. Als der Korb voll ist, trägt Opa ihn ins Haus.

Gleich beim Betreten der Wohnküche merken sie, dass ihre Oma ein Feuer im Herd gemacht hat. Das knistert so heimelig, die beiden Kinder lieben das. Und dann dürfen Viktoria und Jakob ihrer Oma auch noch beim Vorbereiten von Bratäpfeln zur Hand gehen. Sie waschen gemeinsam Äpfel, Oma sticht das Kerngehäuse aus, dann werden die Äpfel mit einer leckeren Mischung aus selbstgemachter Johannisbeer-Marmelade, Gewürzen und Mandeln gefüllt. Es ist gar nicht so einfach, die klebrige Masse in die schmale Öffnung der Äpfel zu füllen. Aber die Kinder strengen sich mächtig an und Oma hilft ihnen dabei. Dann legt sie noch ein paar Holzscheite ins Feuer und nun kommen die Äpfel in die Backröhre des Ofens. Bald durchzieht ein süßer Duft den Raum.

Bratäpfel

Wenn es draußen wieder kühler wird, macht es einfach Spaß gemeinsam in der warmen Wohnung etwas zu kochen oder zu backen. Vielleicht habt ihr beim Lesen der Geschichte Lust bekommen, die ersten Bratäpfel zu machen und dabei die Vorfreude auf den Winter zu spüren?

Ihr braucht dazu pro Person einen Apfel – am besten eignen sich Boskoop-Äpfel (Lederäpfel), ihr könnt aber auch eine andere säuerliche Sorte nehmen. Zuerst müsst ihr die Äpfel gut waschen und dann das Kerngehäuse entfernen. Das geht am besten mit einem Gemüsemesser oder einem Sparschäler, der eine runde Klinge zum Entfernen des Kerngehäuses hat. Lasst euch dabei unbedingt von einem Erwachsenen helfen, um Verletzungen zu vermeiden!
Für die Füllung mischt ihr etwas Johannisbeer-Marmelade mit geriebenen Haselnüssen. Die Füllung schmeckt ihr mit etwas Zimt ab. Dann wird die Masse mit einem Teelöffel in die Äpfel gefüllt. Zum Schluss könnt ihr die Äpfel mit Mandelblättern bestreuen. Die Bratäpfel werden auf einem Backblech im Ofen bei 180 °C (Umluft) gebraten – etwa 25 Minuten, dann sind sie servierbereit.

Gutes Gelingen und guten Appetit!

SONNTAG

Jahreszeiten

»Frühling, Sommer, Herbst und Winter« – viele Kinderlieder besingen den Wechsel der Jahreszeiten.

Der Herbst beschenkt uns mit Früchten auf Bäumen und Sträuchern. Die Felder werden abgeerntet, wir danken Gott für die Früchte seiner Schöpfung. Mit Essen und Trinken hält uns Gott am Leben. Deswegen ist »Ernte« auch eine Gnade Gottes. Er meint es gut mit unserem Leben und er erhält uns in diesem Leben.

Der Winter ist oft sehr kalt. Die Bäume haben keine Blätter. Dass viele Tiere sich im Winter komplett zurückziehen und einen richtigen »Winterschlaf« halten, zeigt uns, wie abhängig Lebewesen von Sonne und Wärme sind und wie sie entsprechend auf Kälte und Dunkelheit reagieren.

Viele freuen sich auf den Winter, weil man im Schnee toben und Skifahren kann. Anderen wiederum schlägt diese Jahreszeit aufs Gemüt, sie können es kaum erwarten, dass der Frühling kommt und die ersten Schneeglöckchen aus dem schmelzenden Schnee auftauchen. Später leuchten die Osterglocken im Licht des Frühlings und die Wiesen stehen mit einem farbenfrohen Blumenteppich im vollen Saft.

Der Sommer mit seinen heißen Tagen, mit der brütenden Hitze, dem Durst und unserer Sehnsucht nach einem schattigen Plätzchen hinterlässt wiederum einen völlig anderen Eindruck und ermöglicht uns andere Lebenserfahrungen: Grillen, Baden, Feste feiern bis in die Nacht im Freien.

Krank im Bett

FREITAG

Vermutlich kennen Sie das auch, wenn wir damit konfrontiert sind, dass Menschen, die uns lieb sind, schwer erkranken. Oder dass sich Paare, die wir kennen, trennen, dass Kinder schwierige Wege vor sich haben …

Ich denke:
Es trifft die anderen.

Die anderen
denken das auch.

Das ist unser aller
Denkfehler.

Betroffen sind wir erst,
wenn es uns getroffen hat.
PETRUS CEELEN

Vielleicht erinnern Sie sich auch manchmal daran, wie es war, wenn es Sie als Familie, wenn es Sie persönlich betroffen hat. Und vielleicht auch, wie das wohl sein wird, wenn es Sie wieder trifft. Wie werden Sie dann wohl reagieren? Wir wissen es nicht! Diese Einsicht sollte uns nachsichtiger im Urteil über andere machen, denn wir können nur sagen, wie wir reagiert haben, nicht, wie wir reagieren werden. Und vielleicht macht es uns auch ein bisschen zufriedener, dankbarer für jeden Tag, an dem es uns nicht trifft.

Die Sache mit den Punkten

Heute Morgen ist Viktoria wie immer in den Kindergarten gegangen. Ihre Mutter hat sie hingebracht. Aber dann, am Vormittag, entdeckt die Erzieherin rote Flecken in Viktorias Gesicht. Sie wirkt irgendwie aufgeregt und ruft gleich die Mutter von Viktoria an. Bis ihre Mutter dann kommt, um sie abzuholen, muss Viktoria im Büro bei der Leiterin sitzen. Diese erklärt ihr, dass die roten Flecken wahrscheinlich Windpocken sind, und diese Krankheit ist recht ansteckend für die anderen Kinder. Viktoria fühlt sich eigentlich nicht krank, aber sie fühlt sich sehr unwohl, als sie auf dem Besucherstuhl im Büro warten muss. Und sie macht sich Sorgen über diese Krankheit.

Endlich kommt ihre Mutter, wechselt einige Worte mit der Leiterin des Kindergartens und hilft Viktoria dann beim Anziehen. Die beiden fahren gleich zu Herrn Doktor Schuster, dem Kinderarzt. Auch dort darf Viktoria nicht mit den anderen Kindern im Wartezimmer mit der tollen Murmelbahn spielen, was sie schade findet, sondern sie wird mit ihrer Mutter sogleich in ein kleines Behandlungszimmer geführt. Herr Doktor Schuster kommt kurze Zeit später ins Zimmer, er ist wie immer sehr freundlich, sieht sich die Flecken auf Viktorias Gesicht genau an, und nachdem er festgestellt hat, dass es tatsächlich Windpocken sind, schreibt er ein Rezept auf. Dann können die beiden auch schon wieder nach Hause fahren.

Viktoria fühlt sich immer noch nicht krank, aber der Arzt hat gesagt, dass sie sich schonen müsse, und dass sie nicht mit anderen Kindern spielen dürfe. Viktoria ist sehr geknickt deswegen, und außerdem machen ihr diese Punkte schon sehr zu schaffen – würden sie wirklich wieder verschwinden? Der Arzt hatte ja auch gesagt, dass sie nicht an den Flecken kratzen oder rubbeln sollte, sonst könnten Narben bleiben. Narben im Gesicht – Viktoria findet diese Vorstellung schrecklich!

Am Nachmittag versucht Viktoria in ihrem Zimmer zu spielen, aber es klappt nicht so richtig, weil sie immer noch Angst vor dieser Krankheit hat. Und langsam kommt auch ein neues Gefühlt dazu: Langeweile. Ihre Mutter kann nicht mit ihr spielen, sie muss mit ihren Arbeitskollegen telefonieren und die nächsten Tage organisieren – sie kann ja nicht ins Büro fahren, wenn Viktoria krank ist. Viktoria hört ihre Stimme aus dem Arbeitszimmer, sie klingt sehr beschäftigt. Viktoria traut sich gar nicht, sie zu stören, denn das mag ihre Mutter gar nicht!

Gerade als Viktorias Laune immer schlechter wird, klingelt es an der Tür. Es ist Viktorias Oma, was für eine schöne Überraschung! Und sie hat etwas mitgebracht: Einen Schuhkarton mit alten Postkarten. Die sind teilweise schon fast so alt wie die Großmutter selbst, einige sind schon etwas verbogen und abgegriffen, andere sehen noch aus wie neu. Die Großmutter setzt sich zu Viktoria und gemeinsam stöbern sie in dem Karton, sehen sich die verschiedenen Motive an – zu jeder Postkarte weiß Oma eine Geschichte zu erzählen aus der Zeit, in der Viktorias Mutter noch ein Kind war. Diese Geschichten liebt Viktoria besonders. Die Zeit vergeht auf einmal viel schneller und Viktoria fühlt sich bald wieder besser. Die Großmutter erzählt, dass auch Viktorias Mutter als Kind Windpocken gehabt hatte und zu Hause bleiben musste bis die Krankheit überstanden war – es beruhigt Viktoria schon etwas, dass sie bei ihrer Mutter noch nie Narben im Gesicht entdeckt hat. Dann kann das ja gar nicht sooo schlimm sein!? Und die roten Flecken, so versichert die Großmutter, werden auf jeden Fall wieder verschwinden! Na dann … Viktoria ist erleichtert.

Die Großmutter bleibt noch zum Abendessen da, dann muss sie wieder nach Hause fahren, aber den Karton mit den Postkarten lässt sie da, und sie verspicht, bald wiederzukommen.

SONNTAG

Krank werden gehört dazu

Jesus zog mit seinen Jüngern von Stadt zu Stadt. Als sie eines Tages gerade dabei waren aus einer Stadt herauszugehen, sahen sie an der Straße einen blinden Bettler. Er hieß Bartimäus. Bartimäus hörte, dass Jesus von Nazaret in seiner Nähe war. Deshalb rief er ganz laut: »Sohn Davids, Jesus, habe Erbarmen mit mir!« Die Menschen auf der Straße ärgerten sich darüber und sagten, dass er leise sein soll. Der blinde Bettler Bartimäus aber schrie noch viel lauter: »Sohn Davids, habe Erbarmen mit mir!« Jesus blieb stehen und fragte ihn: »Was soll ich tun?« Bartimäus antwortete: »Ich möchte wieder sehen können.« Da sagte Jesus zu ihm: »Geh! Dein Glaube hat dir geholfen.« Im gleichen Augenblick konnte Bartimäus wieder sehen, und er folgte Jesus auf seinem Weg.

NACH MARKUS 10,46–52

Jesus hat den Kranken geholfen. Daher vertrauen wir darauf, dass Jesus uns besonders nahe ist, wenn wir krank sind. Wir können zu ihm beten: »Jesus, heile mich.« Oft können wir seine heilende Nähe spüren. Aber manchmal verzweifeln wir auch daran. Bei schweren Erkrankungen fragen wir uns: »Warum heilt mich Jesus nicht? Warum ausgerechnet ich?«

Manche denken, Jesus könnte Krankheiten wegzaubern. Aber Jesus ist kein Zauberer. Er ist aus der göttlichen Welt gekommen, um uns zu zeigen, dass wir zu Gott gehören. Deswegen sind die Heilungen in der Bibel tiefgründiger zu verstehen: Sie weisen darauf hin, dass Gott uns auch in der Krankheit nicht verlässt. Krank sein weist uns darauf hin, dass unser Leben vergänglich ist und wir es nicht immer kontrollieren können.

Gott, du unser Vater,
jetzt liege ich krank im Bett.
Du bist auch jetzt bei mir und tröstest mich.
Gib mir die Kraft, dass ich wieder gesund werde und draußen herumrennen kann.
Amen.

November

Die Tage werden kürzer und es ist abends früher dunkel. Nach dem Reformationstag am letzten Tag im Oktober hält mit dem Fest Allerheiligen der November Einzug. Neben Allerheiligen (1. November) und Allerseelen (2. November) feiern wir auch das Fest des heiligen Martin (11. November), ein Fest, welches Licht in diese dunkle Zeit bringt. Am Ende des Novembers liegt, in Abhängigkeit vom Datum des ersten Advents, auch das Fest Christkönig (am Sonntag vor dem ersten Advent), es ist der letzte Sonntag des kirchlichen Jahreskreises.

Welche Aktivitäten, Ideen und Basteltipps euch in diesem Monat erwarten, sehr ihr hier:

★ Allerheiligen – Was haben Kürbisse damit zu tun?
★ Die Tage werden kürzer – Wir basteln Tischlaternen für die dunkle Jahreszeit
★ Es regnet – Was tun, wenn es mal wieder regnet?
★ Auf dem Friedhof – Ein Besuch auf dem Friedhof

44. Wochenende: Allerheiligen

FREITAG

Im Religionsunterricht einer dritten Klasse Grundschule, es ist die Stunde vor Allerheiligen, erzählt die Religionslehrerin von den ersten christlichen Gemeinden und von Paulus. Sie erzählt von den Briefen, die Paulus an die Gemeinden schrieb, und von der Anrede, die Paulus verwendete. Er sagte zu den Christinnen und Christen: »Ihr Heiligen von Korinth« oder »Ihr Heiligen von Rom«. Diese Anrede ist für uns sehr ungewohnt, verbinden wir doch mit »heilig« oft besonders fromm sein.

Im ursprünglichen Wortsinn sind wir alle »heilig«, jeder Mensch ist »etwas Besonderes«, »herausgehoben« – so können wir »heilig« übersetzen. Die hebräische Wortwurzel *kadosch* macht dies deutlich. Die jüdische Hochzeit heißt übersetzt »Heiligung« und macht genau diese Bedeutung verständlich, der Bräutigam sagt zur Braut: »Du bist mir geheiligt«, wir könnten auch sagen: »Du bist für mich die ganz Besondere!«

Zurück zur Unterrichtssituation: Die Religionslehrerin erzählt den Kindern von Paulus und seiner Anrede an die Christen, und plötzlich sagt der verhaltenskreativste Schüler in der Klasse: »Dann sind wir ja auch *heilig*« – und er fängt an, alle seine Mitschüler mit Namen zu nennen, der Reihe nach: heiliger Kevin, heiliger Rolf, heilige Sabine und so weiter. Dann kommt er zu sich selbst und stockt, die Lehrerin unterstützt ihn nach ein paar Sekunden und sagt: »Ja, auch du.« Und der Junge zögert, bis er es zaghaft versucht: heiliger Frank. Und dann immer wieder heiliger Frank, heiliger Frank … Das Thema hat die ganze Unterrichtsstunde gedauert.

Dies gilt auch für uns, für die ganze Familie. Egal, wie die Woche war, egal, was gelungen ist und was nicht: Sie, du – jede und jeder von uns ist »heilig«, jede und jeder von uns ist »etwas Besonderes«.

SAMSTAG

Der Kürbisgeist

Bald ist Halloween. In den Vorgärten der Häuser sieht Betty immer mehr Kürbisse – kleine und große, gelbliche und orange, rote und grüne. Am besten gefallen Betty die geschnitzten, in denen abends eine kleine Kerze leuchtet und die Fratze des Kürbisgeistes als Schatten über den Boden tanzen lässt.

Genau so einen Kürbis möchte Betty heute auch schnitzen. Sie holt sich am Feld einen Kürbis – natürlich wirft sie auch die vier Euro in die dafür vorgesehene Kasse, die der Bauer am Feldrand für ehrliche Menschen angebracht hat. Sie schleppt den schweren Kürbis nach Hause. Dann macht sie sich ans Werk: Zunächst wird ein »Deckel« abgeschnitten. Das geht nicht so leicht, Bettys großer Bruder Chris hilft ihr dabei. Dann höhlt sie den Kürbis aus: Mit einem Löffel holt sie zunächst die Kerne aus dem Inneren, um anschließend das Fruchtfleisch abzuschaben. Immer wieder muss Betty eine kleine Pause machen, das Aushöhlen des Kürbiskopfes ist gar nicht so einfach. Die beiden überlegen sich, wie das Gesicht des Kürbisses aussehen soll, sie machen Skizzen auf einem Blatt Papier, übertragen den besten Entwurf mit einem Stift auf den Kürbis und schneiden mit einem scharfen kleinen Messer die Konturen exakt nach. Geschafft! Sieht echt gut aus!

Betty platziert den Kürbis auf der Terrasse, wo es schon dämmrig wird, zündet ein großes Teelicht an und stellt es in das Innere des Kürbiskopfes. Dann legt sie den Deckel auf den Kürbis. Huh, das sieht aber gruselig aus.

Plötzlich bewegt sich das Gesicht des Kürbisgeistes. Der Kürbis zieht Grimassen! »Oh Mann«, denkt Betty, »was wird das jetzt? Spinne ich?« Der Kürbiskopf sieht Betty ins Gesicht: »Guten Abend!« »Äh … ja, hallo!«, stammelt Betty. »Na, du bist wohl etwas erstaunt darüber, dass ich mich mit dir unterhalte, ja?«, fragt der Kürbis Betty, die nur schweigend nickt und nicht weiß, ob sie bleiben oder davonlaufen soll. »Danke, dass du mich so schön geschnitzt hast, ich finde mich sehr gut gelungen!«, lobt der Kürbiskopf Bettys Werk. »Und, weißt du eigentlich, was ich bin?«

»Wie meinst du das? Du bist ein Kürbisgeist!«, entgegnet Betty, die ihren Mut wiedergefunden hat.

»Das weiß ich schon auch, aber weißt du, was es mit den Kürbisgeistern auf sich hat, wo Halloween herkommt, und was es bedeutet?«, fragt der Kürbis.

»Nicht so richtig, eigentlich ...«, meint Betty.

»Lass mich erzählen«, entgegnet der Kürbis und räuspert sich: »Also, Halloween kommt aus Irland und bedeutet ›All Hellows Eve‹, meint also den Abend vor dem Allerheiligenfest, am 1. November, also ist der Halloween-Abend am 31. Oktober. Bevor das Fest von der katholischen Kirche mit Allerheiligen in Verbindung gebracht wurde, war es ein keltischer Brauch, ein heidnischer Ritus, ein Toten-Fest. Feuer wurden in dieser Nacht entzündet, es war eine unruhige Nacht, in der der Toten gedacht wurde.«

»Und was hat das mit dir zu tun, einem geschnitzten Kürbis?«, fragt Betty.

»Ich habe schon gedacht, dass du das fragen würdest«, entgegnet der Kürbisgeist. »Nach einer Sage lebte in Irland einst der Bösewicht Jack Oldfield, der durch eine List den Teufel einfing. Er wollte ihn erst freilassen, wenn der Teufel ihn, Jack Oldfield, in Zukunft in Ruhe lassen würde. Und so geschah es. Als Jack alt war, starb er. Weil er aber mit dem Teufel zu tun gehabt hatte, konnte er nicht in den Himmel kommen. Er konnte aber auch nicht in die Hölle, weil er ja den Teufel seinerzeit betrogen hatte! Der Teufel sah sich Jacks Dilemma an und hatte Mitleid. Er schenkte ihm eine Rübe und eine glühende Kohle, damit sich Jack in der Dunkelheit zurechtfinden würde.

Der Ursprung des Kürbisgeistes ist demnach eine beleuchtete Rübe. Er wird Jack O'Lantern genannt. Heute nimmt man eher Kürbisse. Man schnitzt Fratzen in die Kürbisse und stellt sie vor das Haus, um böse Geister abzuschrecken und das Haus und seine Bewohner zu schützen.«

»Das ist ja wunderbar«, flüstert Betty und betrachtet den Kürbiskopf, dessen Schatten auf dem Boden tanzen. Ihr Bruder Chris tritt von hinten an sie heran: »Der ist echt super geworden! Haben wir wirklich toll hingekriegt!«

Der Kürbis schaut ganz unbeweglich drein, wie ein ganz normaler Kürbis. »Ja«, sagt Betty, »ziemlich gut! Und soll ich dir sagen, woher der Kürbis-Brauch eigentlich kommt, und das ganze Halloween? Ich weiß das nämlich aus sicherer Quelle!«

SONNTAG

Den offenen Himmel feiern

In Europa gibt es seit einigen Jahrzehnten den Brauch, im Herbst einen Kürbis auszuhöhlen und in seine Schale ein Gesicht zu schnitzen. In den Kürbis wird eine Kerze gestellt und diese wird bei Nacht entzündet, sodass der Kürbis aussieht wie ein Gespenst.

Tiefgründiger als der Brauch von Halloween ist die Erfahrung, dass wir eine Kerze anzünden und lange in ihr Licht schauen, unseren Gedanken nachhängen, dabei vielleicht Musik hören und ein Gebet sprechen.

Auf den Friedhöfen sind in der Nacht viele rote Lichter. Die Menschen zünden auf den Gräbern ihrer Angehörigen und Freunde meistens rote Lichter an, die ausdrücken sollen: Lebe im Lichte Gottes!

Wenn wir für Verstorbene beten, dann formulieren wir oft: Herr, gib ihm/ihr die ewige Ruhe; und das ewige *Licht* leuchte ihm/ihr.

Die Gräber sind Gedenkstätten für ihr Leben. Denn sie selbst sind nicht mehr in den Gräbern. In den Gräbern bleibt nur das, was von ihrem toten Körper übrig geblieben ist und sich langsam wieder zurückbildet zu Staub und Erde. So sprechen wir bei einer Beerdigung: »Staub bist du, und zum Staub kehrst du zurück. Der Herr aber wird dich auferwecken am jüngsten Tage.«

Das Fest »Allerheiligen« zeigt: Jesus Christus, der Erlöser der Welt, ist durch den Tod hindurch gegangen und hat uns den Himmel geöffnet. An Allerheiligen feiern wir den »offenen Himmel« für die Menschen, die bereits gestorben sind. Gott hat sie geheiligt. Er gibt ihnen von seiner Heiligkeit über den Tod hinaus.

Wir, die wir vor den Gräbern stehen, bekommen an diesem Tag die Botschaft zugesprochen, dass auch uns der Himmel offen steht, wenn unser Körper nicht mehr kann und stirbt.

45. Wochenende:
Die Tage werden kürzer

FREITAG

Wenn die Tage kürzer und die Nächte länger werden, werden viele Menschen »häuslicher«. Wir verbringen wieder mehr Zeit in unseren Häusern und Wohnungen. Vielleicht gibt uns diese Zeit mehr Raum für Gespräche. Denn laut Statistik, heißt es, reden Paare vier bis sieben Minuten täglich über nicht-organisatorische Dinge miteinander.

Wie soll ich in vier bis sieben Minuten verstehen, was für einen Tag meine Partnerin, mein Partner erlebt hat, wie soll ich in vier bis sieben Minuten wissen, wie es mir selbst und meinem Partner wirklich geht, was uns beschäftigt, welche Wechselbäder an Gefühlen es im Verlauf des Tages und der Woche gegeben hat. Im Gespräch können wir manchmal deutlicher verstehen, was wir denken und fühlen, im Gespräch spüre ich, dass ich nicht alleine bin, im Gespräch berühren wir uns auf ganz eigene Weise. Wenn ich nicht mehr sage, wie es mir geht, wenn ich nicht mehr weiß, wie es meinem Partner geht, sind wir in Gefahr, uns zu verlieren. Irgendwann fehlt das Gespräch nicht mehr, irgendwann merken wir gar nicht mehr, dass wir uns verloren haben.

Mit Kindern ist das ähnlich: Bei allem, was es zu organisieren, zu tun, zu erziehen und zu begleiten gilt, bleibt nicht viel Zeit für anderes. Im Gespräch miteinander sein, muss kein zusätzlicher Aufwand und schon gar kein zusätzlicher Anspruch sein. Oft reden wir ja viel, aber wir kommen nicht ins Gespräch darüber, was uns tatsächlich beschäftigt, wir begegnen einander nicht wirklich.

Vielleicht erlauben uns die langen Abende am Wochenende, ein bisschen mehr als vier bis sieben Minuten Zeit zu haben für ein gemeinsames Gespräch?

SAMSTAG

Der heilige Martin

Die Tage werden kürzer, die Dunkelheit beginnt nun schon am späten Nachmittag. In dieser Zeit ist für uns Menschen Licht sehr wichtig. Nicht nur jenes Licht, das wir ganz selbstverständlich in der Wohnung anschalten, um besser sehen zu können, sondern ein Licht, das uns irgendwie bewegt, das unsere Gefühle berührt. Das Licht einer Kerze oder einer Laterne zum Beispiel.

In den meisten Kindergärten wird um den 11. November das Martins- oder Laternenfest gefeiert. Die Kinder basteln Laternen und hören die Legenden des heiligen Martin. Die bekannteste Legende ist diese:

Im 4. Jahrhundert, als Martin lebte, war es Gesetz, dass die Söhne von Soldaten zum Kriegsdienst eingezogen wurden. So musste auch Martin mit 15 Jahren zum Militärdienst, obwohl er das nicht wollte. Martin verhielt sich nicht so, wie man es von einem Soldaten erwartete. Er war bescheiden, geduldig und gütig zu den anderen Soldaten, seine Kameraden verehrten ihn deshalb sehr. Martin kam ihnen eher vor wie ein Mönch als ein Soldat, obwohl er nicht getauft war. Von dem Geld, das er verdiente, behielt er nur das für sich, was er für das tägliche Leben benötigte. Alles andere verwendete er um zu helfen und Not zu lindern.

An einem besonders kalten Wintertag begegnete er am Stadttor von Amiens, das liegt in Frankreich, einem armen Mann, der fror und bettelte. Doch die Menschen liefen an dem Armen vorüber. Martin hatte außer seinem Schwert und einem Soldatenmantel nichts dabei, doch er wollte dem Mann unbedingt helfen. Martin nahm sein Schwert und teilte den Mantel mitten entzwei. Den einen Teil gab er dem Armen, den anderen legte er wieder um seine Schultern.

In der Nacht, als Martin schlief, sah er in einem Traum Jesus Christus, der mit einem halben Soldatenmantel bekleidet war. Christus sagte: »Martin, der noch nicht getauft ist, hat mich mit diesem Mantel bekleidet.« Martin fiel ein Satz aus der Bibel ein: »Was ihr einem Geringsten getan habt, das habt ihr mir getan« (Matthäus 25,40), und er sah, wie wichtig die Taten der Nächstenliebe für sein Leben waren. Martin erkannte, dass es für ihn unverzichtbar war, den christlichen Glauben zu leben. Als Martin 18 Jahre alt war, ließ er sich taufen.

Sankt Martin ist für uns ein Vorbild, weil er seine Nächstenliebe in die Tat umgesetzt hat. Er hat nicht weggeschaut, wenn er Not sah, sondern er hat geholfen. Er hat Licht in die Dunkelheit der Not gebracht. Darum werden an seinem Festtag Laternen gebastelt und die Kinder machen Laternenumzüge, singen Martinslieder und denken an den heiligen Martin und sein Wirken.

Eine Tischlaterne basteln
Ihr braucht dazu:
* ein leeres Gurkenglas
* Seidenpapier in verschiedenen Farben und Tapetenkleister (laut Packung anrühren)
* oder Acrylfarben und Pinsel
* ein Teelicht

Und so geht es:
Das sauber ausgespülte Gurkenglas könnt ihr mit bunten Schnipseln aus Seidenpapier bekleben. Ihr könnt auch Motive ausschneiden: Sterne, Mond, Lichtkreis, der nach außen immer dunkler wird, Motive aus der Martinslegende … eurer Fantasie sind keine Grenzen gesetzt! Zum Bekleben eignet sich am besten Tapetenkleister aus dem Baumarkt. Tragt den Kleister ruhig großzügig auf, dann stehen von den Seidenpapierstückchen keine Ecken ab, sondern es entsteht eine glatte Oberfläche eurer Laterne.

Ihr könnt auch Bilder auf das Glas malen, z.B. mit Acrylfarbe, die es im Baumarkt und im Künstlerbedarf zu kaufen gibt. Ihr könnt Motive oder Muster auf eure Tischlaterne aufbringen, besonders wirkungsvoll sind Farbspiele aus leuchtenden Farben und dunklen Kontrasten.
Wenn ihr nach dem Trocknen ein Teelicht in das Glas stellt, breitet sich das Licht warm über den Tisch aus. So habt ihr eine wunderbare Erinnerung daran, dass das Licht die Dunkelheit im November erträglich macht und das Leben erhellt.

SONNTAG

Das Licht der Welt

Wir wissen aus eigener Erfahrung: Im Winter sind die Tage kurz. Oft ist es morgens um 8 Uhr noch dunkel und um 16 Uhr beginnt es schon wieder zu dämmern.

Dies hängt mit dem Stand der Sonne zur Erde zusammen. Die Erde dreht sich um die Sonne und ist dabei etwas geneigt. Durch diese Neigung treffen die Sonnenstrahlen im Sommer gerade und im Winter schräg auf die Nordhalbkugel der Erde, auf der Europa liegt. Die schräg auftreffenden Sonnenstrahlen werden breiter verteilt als die gerade auftreffenden im Sommer, deshalb ist es im Winter kälter. Außerdem liegt die Nordhalbkugel der Erde im Winter, länger als im Sommer, im Schatten der Erde, deshalb sind die Tage im Sommer länger als im Winter. Wenn bei uns Sommer ist, ist auf der anderen Seite unserer Erde Winter. Für die Menschen, die weit im Norden, zum Beispiel in Island, leben, sind die Tage noch kürzer. Manchmal wird es überhaupt nicht richtig Tag in der Winterzeit.

Für viele Menschen ist diese Zeit mit wenig Licht eher bedrückend und sie freuen sich auf den Sommer. Dann sind die Tage lang und die Nächte kurz. Es drängt uns hinaus zu den Festen im Freien, zum Wandern, zu Abenteuern im Wald und auf den Spielplätzen. Manchmal ist es auch schwierig am Abend einzuschlafen, wenn es draußen noch so hell ist.

Tag und Nacht sind für uns Menschen auch Symbol unseres Lebens. Zu unserem Leben gehört die Dunkelheit ebenso wie Freude und Licht.

Jesus hat von sich selbst gesagt: »Ich bin das Licht der Welt.« Wir Menschen brauchen Licht, um leben zu können. Wenn es dauernd dunkel ist, dann geht es uns nicht gut. Aber ohne die Dunkelheit könnten wir nicht verstehen, dass es Licht gibt.

Das können wir sehen, wenn wir mit unseren Laternen am Martinsumzug teilnehmen. Der heilige Martin hat seinen Mantel mit einem frierenden Bettler geteilt, er hat ihm sozusagen dadurch Licht in die Dunkelheit gebracht. Mit unseren Laternen bringen wir auch Licht in die dunkle Nacht und erinnern daran, dass Jesus von sich gesagt hat, dass er das Licht der Welt sei und dass wir dieses Licht weiter in die Welt tragen können.

46. Wochenende:

Es regnet

FREITAG

Ein verregnetes Wochenende ist wie die Erlaubnis, nichts zu tun. Bei Schönwetter heißt es ja, nach draußen gehen, Sport machen, wandern oder schwimmen, mit dem Fahrrad unterwegs sein oder eine Wanderung machen. Natürlich bleibt auch an einem verregneten Wochenende genug zu tun, Aufgaben zu erledigen, evtl. einen Besuch zu machen oder eine Einladung auszusprechen. Aber es ist auch die Erlaubnis, Papiere zu ordnen oder den Schreibtisch aufzuräumen, Post zu erledigen, am Computer zu surfen, fern zu sehen oder einfach einen langen Mittagsschlaf zu machen.

Diese speziellen Wochenenden laden ein, einfach zu genießen, zur Ruhe zu kommen. Mit Kindern ist das manchmal anders. Beim Hören des Wetterberichts läuft schon innerlich mit: Was können wir mit den Kindern tun, wenn es die ganze Zeit regnet? Und manchmal gilt für Kinder, was auch für uns Erwachsene gilt: Warm anziehen, regenfeste Schuhe und eine Kapuzenjacke, und schon ist es wieder möglich, etwas zu erleben, was wir kaum mehr wahrnehmen: einen Regenspaziergang. Pfützen wie früher, Regentropfen auf meinem Kopf, der Geruch und das graue Licht – irgendwie auch wunderbar.

Das Wetter, wie so vieles andere auch, können wir nicht beeinflussen, aber wir können beeinflussen, wie wir damit umgehen, ob es uns einschränkt, ob es unsere Stimmung belastet, oder ob wir sehen, was wir am besten daraus machen können. So ist es auch mit einem verregneten Wochenende.

SAMSTAG

Regen

Maja ist mit ihrer Freundin unterwegs, sie machen eine Fahrradtour. Gerade sind sie eine Weile durch den Wald gefahren, und als sie wieder aus dem Wald kommen, bemerken sie, dass es regnet. Ein herrlich warmer, weicher Mai-Regen ist das, der da vom Himmel fällt, und ihre vom Radeln erhitzten Körper kühlt. Sie bleiben stehen, legen die Fahrräder ins Gras und tanzen lachend einen Mai-Regen-Reigen.

Julian ist auf dem Heimweg von der Schule. Er ist schlecht gelaunt, weil er heute mit seinem besten Freund einen schlimmen Streit hatte. Es hatte mit einer Kleinigkeit begonnen und dann hatte sich der Konflikt mit jedem Wort weiter hochgeschaukelt und schließlich waren die beiden mit wüsten Beschimpfungen auseinander gegangen. Julian fühlt sich wirklich schlecht. Als es zu regnen beginnt, denkt er: Der Himmel weint mit, das Wetter passt jetzt zu meinem Tag.

Es ist Samstag, Max wollte heute mit seiner Mannschaft ein Freundschaftsspiel gegen einen anderen Fußballverein austragen. Leider wurde das Spiel abgesagt, wegen starken Regens. Seine Schwester Claudia wollte eigentlich heute mit zwei Freundinnen einen mehrstündigen Ausritt unternehmen, aber bei dem schlechten Wetter haben die drei keine Lust aufs Ausreiten. Beide lümmeln vormittags in ihren Zimmern herum und schauen ab und zu auf die Tropfen, die da unaufhaltsam über die Fensterscheiben laufen. Langeweile macht sich breit.

Beim Mittagessen beschließen sie gemeinsam, sich den Tag vom schlechten Wetter nicht vermiesen zu lassen, und überlegen, was sie machen könnten: Kino oder einen Film auf DVD schauen? Zusammen ein Spiel spielen – zum Beispiel endlich wieder einmal Monopoly? Oder gemeinsam die letzten Urlaubsfotos betrachten und in Erinnerungen schwelgen? Oder zusammen Pläne für den nächsten Familienurlaub schmieden?

★ Kennt ihr die Gefühle, die in den drei kurzen Geschichten angesprochen werden? Regen kann Segen sein, aber auch schrecklich öde und ein Spielverderber noch dazu!

★ Und dann? Was ist mit einem Regentag noch anzufangen? Was fällt euch ein um einen verregneten Tag am Wochenende gut zu verbringen? Was macht ihr zusammen, wenn draußen schlechtes Wetter ist?

SONNTAG

Regen – Himmelstau

Die Bibel beschreibt den Regen sowohl in seiner Leben schenkenden als auch in seiner zerstörerischen Kraft. Nach dem Regen blüht die Wüste auf. Doch es gibt auch ausgetrocknete Flussläufe, Wadis, in der Wüste. Wenn diese plötzlich überflutet werden, wird es gefährlich, und Menschen können weggespült werden.

Regen ist aber auch Tau des Himmels. Er ist Kraft zum Wachstum und zum Überleben. Wer in der Wüste für mehrere Tage kein Wasser mehr hat, der kommt in Todesgefahr.

In den Wolken verhangenen Himmel hinaufschauen. Die Wolken des Himmels regnen sich aus.

Es kommt Leben auf die ausgetrocknete Erde. Es kommt Regen herab auf die durchnässte Erde – manchmal zu viel.

Den regenverhangenen Himmel gemeinsam anzuschauen und darüber zu sprechen – auch das heißt, den Sonntag zu würdigen.

Probieren Sie es aus:
▽ Innehalten im normalen Alltagsbetrieb,
▽ sich zurückziehen auf den göttlichen Funken in unserem Leben,
▽ das Gestalten einer intensiven Kommunikation mit unseren Nächsten oder mit Freunden.

All das ist Sonntag.

Auf dem Friedhof

FREITAG

Moderne Bildtechnik bringt faszinierende Einblicke in den menschlichen Körper. Der Mensch besteht aus bis zu 100 Billionen Zellen – etwa 1000-mal mehr, als die Milchstraße Sterne hat. Muskeln spielen perfekt zusammen, damit wir gehen und sitzen können, uns bewegen und springen können. Acht Wochen, nachdem sich Ei- und Samenzelle vereinigt haben, sind fast alle Organe in ihrer Grundstruktur vorhanden. Die Nervenfasern des Menschen sind 780 000 Kilometer lang. Mehr als 100 Milliarden Nervenzellen sind über insgesamt eine Billiarde Kontaktstellen – die Synapsen – miteinander verbunden. Über das Nervensystem und mithilfe der chemischen Botenstoffe, der Hormone, kommuniziert das Gehirn mit dem Körper. Das heißt, wir lernen Sprachen, sammeln Erinnerungen, speichern Erfahrungen, wir können kreativ sein und unser Leben planen. Und es heißt, wir können über uns nachdenken, über unseren Anfang, über unser Ende.

»Das Wunder Mensch« – ein faszinierendes Zusammenspiel von Herz und Kreislauf, von Muskeln und Sehnen, von Haut und Nervenzellen. Doch es ist erschreckend, wie achtlos wir oft mit diesem »Wunder« umgehen – mit uns selbst und mit anderen Menschen.

Kinder sind auf dem Friedhof oft mit vielen Fragen rund um Sterben und Tod beschäftigt. Wie es denn ist im Sarg, und was eine verstorbene Person noch spüren kann, je nach Alter interessieren unterschiedliche Fragen. Es heißt: Kinder werden den Tod nicht fürchten, wenn die Erwachsenen das Leben nicht fürchten. Die Beschäftigung mit Sterben und Tod macht uns den Wert des Lebens deutlich. Machen Sie sich, gerade am Ende einer Arbeitswoche, einmal bewusst: Ich möchte – bei allen Anforderungen, bei aller Belastung durch Familie und Beruf – nicht vergessen, dass ich selbst »ein Wunder« bin, dass die Menschen, die ich liebe, und die Menschen, denen ich begegne, »ein Wunder« sind.

SAMSTAG

Ein Besuch auf dem Friedhof

Sanna und Marie waren gestern auf dem Friedhof. Mit ihrer Mutter haben sie das Grab der Urgroßeltern gepflegt, neue Blumen eingesetzt und Unkraut gezupft, den Grabstein gesäubert und Weihwasser in den kleinen Brunnen am Grab gefüllt. Und abends haben sie bemerkt, dass sie die kleine Harke vergessen haben. Heute nach der Schule gehen die beiden nochmal zum Friedhof, um sie zu holen.

Sanna ist erst sechs und findet den Friedhof immer ein bisschen unheimlich, ihre neunjährige Schwester Marie ist da nicht ängstlich.

Als sie den Friedhof betreten, mahnt Marie: »Du musst hier ruhig sein, nicht laufen oder zu laut sprechen, okay?« »Ja«, meint Sanna. Und nach einer Weile fragt sie: »Wachen sonst die Toten auf, wenn wir laufen und trampeln und schreien?« Marie lacht: »Aber nein, die Toten wachen hier nicht auf. Dass wir uns ruhig und ehrfürchtig verhalten, zeigt unseren Respekt vor den Verstorbenen und all denen die traurig sind, weil sie jemanden verloren haben. Viele beten hier auch, sieh doch!« Und Marie deutet auf eine alte Frau, die an einem frischen Grab steht und sehr nachdenklich aussieht.

»Wo sind die Toten eigentlich? Im Himmel oder im Grab?«, fragt Sanna weiter. »Puh, das ist aber keine leichte Frage«, überlegt Marie. »Ich glaube, dass die Seele in den Himmel geht, wenn jemand gestorben ist, und dann zu

Gott kommt. Sie bleibt im Himmel. Der Körper wird begraben.« »Darum kann ich im Himmel auch keine Menschen sehen«, entgegnet Sanna nachdenklich, »weil die Seele ist ja unsichtbar!«

Nach einer Weile meint Sanna: »Du, Marie, wer zeigt eigentlich meiner Seele den Weg in den Himmel? Und wo ist meine Seele überhaupt bei mir?«

Marie antwortet: »Ich glaube, dass meine Seele in meinem Herzen ist, vielleicht ist das ja bei dir auch so? Und mein Herz weiß bestimmt, wie man zu Gott kommt, weil ich an ihn glaube. Damit trage ich ja auch ein Stückchen von Gott in mir.«

Sanna ist noch ganz in Gedanken, als sie beim Grab ankommen. Marie nimmt die Harke, die neben dem Grab im Kies liegt. Und dann taucht sie ihren Finger in das Weihwasser und macht ihrer Schwester und sich selbst ein Kreuz auf die Stirn. »Ich bin mir sicher, dass Gott uns liebt und unseren Seelen den Weg schon zeigen wird, wenn wir mal alt sind und sterben«, sagt sie.

Wie ist das bei euch?

★ Wart ihr schon einmal auf dem Friedhof?
★ Wie habt ihr euch dort gefühlt?
★ Wie haben sich die Menschen auf dem Friedhof verhalten?
★ Habt ihr euch auch schon einmal ähnliche Fragen gestellt wie Sanna in der Geschichte? Und habt ihr auch Antworten gefunden, oder Erklärungen erhalten?

SONNTAG

Friedhof – Friedenshof

Beim Anblick der vielen Gräber auf dem Friedhof kann einem schon manchmal ein schauriges Gefühl über den Rücken laufen. So viele Menschen sind schon tot und hier beerdigt!

Der Name »Friedhof« leitet sich ursprünglich vom einge*fried*eten, geschützten Bereich um die Kirche ab, denn dort wurden früher die Menschen beerdigt. Der Bedeutungswandel hin zum »Hof des Friedens« ist stimmig, denn auf dem Friedhof sind Menschen beerdigt, die Frieden finden sollen. Doch gerade für die Menschen, die jemanden begraben, ist dieser »Frieden« nur schwer zu finden. Sie weinen, sind schwarz gekleidet und traurig, sie haben nicht immer Frieden, sondern sind eher verzweifelt.

Die Menschen, deren tote Körper auf dem Friedhof beerdigt sind – was ist mit ihnen? Wir Christen sagen, der tote Körper wird begraben, doch der Mensch ist auferweckt bei Gott. Kann es denn sein, dass wir Menschen ohne unseren Körper leben? Leben wir dann als »Geist« in der geistigen Welt Gottes?

Mit »Geisterstunde« hat das nichts zu tun. Die Geschichte von der Raupe und dem Schmetterling kann helfen, dies besser zu verstehen:

Auf einem Kohlfeld waren viele Raupen und fraßen sich durch den Kohl. Sie achteten nicht auf die Sonne, den Regenbogen, die Wolken, die Vögel und auf die anderen Tiere. Sie wussten auch nicht, dass sie später Schmetterlinge sein würden. Plötzlich kamen einige Schmetterlinge und setzten sich zu ihnen auf den Boden und sagten ihnen: »Macht euch keine Sorgen. Euer Puppensarg ist nicht das Ende. Euch werden über Nacht Flügel wachsen und ihr werdet leuchtende Farben bekommen.« Die Raupen waren ganz empört und sagten zu den Schmetterlingen: »Haut ab, ihr haltet uns nur vom Fressen ab. Das kann ja gar nicht sein.« Aber die Schmetterlinge wussten es besser, sie waren früher auch einmal Raupen, und sie erhoben sich leuchtend in die Luft.

Natürlich sind wir nach unserem Tod keine Schmetterlinge. Aber den Gedanken, dass wir manches heute noch nicht erkennen können, was später mit uns sein wird, kann uns diese Geschichte verdeutlichen.

Dezember

Der Dezember steht ganz im Zeichen der Vorbereitung auf das Weihnachtsfest und das Ende des Kalenderjahres. Der erste Advent ist der Beginn des kirchlichen Jahreskreises. Advent kommt aus der lateinischen Sprache und heißt übersetzt »ankommen«. Wir warten im Advent auf die Ankunft Christi am Heiligen Abend, dies wird auch deutlich, wenn wir jeden Tag ein Türchen im Adventskalender öffnen.

★ Advent – Wir basteln einen
   Adventskranz
★ Besondere Menschen – Der heilige
   Nikolaus
★ Auf dem Weg zur Krippe – Die Geschichte vom
   Schuster Martin
★ Weihnachten vor der Tür – Die Tage bis zum Heiligen
   Abend gestalten
★ Bilanz ziehen – Am Jahresende zurückblicken

Advent

FREITAG

»Advent, Advent, die Mutter rennt« – so der Titel eines Buches zur Adventszeit. Der Advent wird manchmal »die stille Zeit« genannt, doch gerade in der Adventszeit sind Hektik und Stress oft besonders groß.

Wenn wir uns an frühere Adventszeiten erinnern, fallen uns meist Atmosphären, Lieder, Geschichten und Gerüche ein. Viele von uns können den Advent »riechen«, Tannenduft und Kerzen und Zimt und Mandarinen, Lebkuchen und Kekse aller Art. Zugleich sind wir heute oft überflutet von Weihnachtsmusik und Weihnachtsdekorationen, viel zu früh beginnt in den Einkaufszentren und Geschäften die weihnachtliche Berieselung.

»Advent« heißt übersetzt »ankommen«. Wir sind also mitten drin in der Zeit des Ankommens. Vielleicht ungewohnt, sich zu überlegen, wo ich denn ankommen möchte, bei wem ich ankommen möchte, wer bei mir ankommen möchte. Umgangssprachlich erinnert das Ankommen daran, »bei jemandem landen zu wollen«. Das geht wohl in dieselbe Richtung: Ein Mensch oder ein Thema interessiert mich, ich komme in Bewegung, ich bin unterwegs, ich sehne mich danach, anzukommen. Vielleicht waren Sie in der letzten Zeit beruflich unterwegs, vielleicht kennen Sie das, sich danach zu sehnen, endlich nach Hause zu kommen, endlich anzukommen bei den Menschen, die man gerne hat. Advent lässt uns erleben, was es heißen kann, tatsächlich bei einem geliebten Menschen – auch innerlich – anzukommen, bei der Partnerin, dem Partner, den Kindern anzukommen. Schön, wenn Advent das Ankommen möglich macht, wenn wir gerade in diesen Adventtagen ein bisschen ankommen können – bei uns selbst und bei den Menschen, die wir lieben.

SAMSTAG

Advent, Advent

Der Advent ist da! Für die meisten Kinder ist dies eine schier unendlich lange Wartezeit auf das Weihnachtsfest – und eine ganz besondere Zeit, die mit einem ganz besonderen Kalender gemessen wird: dem Adventskalender.

In vielen Familien gibt es auch einen Adventskranz, doch nur die wenigsten wissen, dass der Adventskranz seinem Ursprung nach auch eher einen Adventskalender darstellte. So wird erzählt, dass der Theologe und Erzieher Johann H. Wichern 1939 in Hamburg die Adventszeit als Erzieher mit einigen ihm anvertrauten Kindern verbrachte. Und diese Kinder waren sehr ungeduldig, und fragten ihn immer und immer wieder, wann denn nun endlich das Weihnachtsfest wäre. Um den Kindern zu zeigen, wie lange sie noch zu warten hätten, baute er aus einem Wagenrad eine Art Kranz, auf den er 19 kleine rote Kerzen (für die Wochentage) und vier weiße große Kerzen (für die Sonntage) steckte. Jeden Tag wurde nun eine Kerze angezündet – und die Kinder konnten jeden Tag sehen, wie viele Kerzen noch nicht angezündet waren, wie lange sie also noch warten mussten, auf den Heiligen Abend. Später wurde die Anzahl der Kerzen dann reduziert – nur mehr vier Kerzen für die vier Adventssonntage werden heute auf den Adventskränzen angebracht.

Einen Adventskranz basteln

Es ist nicht sehr schwer, einen Adventskranz selbst zu binden, versucht es doch einmal! Ihr braucht dazu:

* einen Kranzrohling oder einen aus Zeitungspapier und Klebeband geformten Kreis mit einem Durchmesser von ca. 25 cm.
* Zweige von Tannen, Föhren, Buchs, Zeder u. a.
* eine Gartenschere
* Bindedraht
* verschiedene Naturmaterialien zum Dekorieren, evtl. auch Schleifen, etc.
* vier Kerzen und Kerzenhalter

So geht's:

Die Zweige werden mit der Gartenschere in kurze Stücke geschnitten, etwa 10–15 cm lang. Dann werden mit dem Bindedraht mehrere Zweige auf dem Rohling festgebunden, der Bindedraht sollte immer zwei- bis dreimal um den Kranz gewickelt werden, damit der Kranz auch hält. Wenn verschiedene Zweige verwendet werden, ist es wichtig, die Sorte nach je einer Reihe zu wechseln, damit das Immergrün sich harmonisch abwechselt. Der Schluss ist nicht ganz einfach, da braucht ihr etwas Geduld: Die letzten Zweige werden mit dem dicken Ende unter den Anfang der Bindearbeit geschoben, und wieder vorsichtig festgebunden. Vorstehende Zweige können behutsam gekürzt werden.

Der fertige Kranz kann je nach Geschmack und Stil dekoriert und so fertiggestellt werden. Die Kerzen lassen sich am sichersten mit dafür vorgesehenen Kerzenhaltern befestigen, die es im Blumenfachhandel oder in Baumärkten in der Vorweihnachtszeit zu kaufen gibt.

SONNTAG

Advent heißt Ankunft

Das jährliche stiller Werden, die Lichter, die die langen Abende erhellen, aber auch der Rummel in den großen Einkaufsstraßen ist wieder angebrochen.

Advent kommt immer wieder und wir Menschen wissen es zu schätzen, dass es feste Rituale im Laufe des Jahres gibt, die auf etwas Besonderes hinweisen und eine wichtige Idee bedeutsam machen.

Das Wort Advent kommt aus dem Lateinischen und meint »Ankunft«.

Wer kommt an? Unser Advent ist ohne die christliche Tradition überhaupt nicht zu verstehen, denn der tiefere Gehalt des Advents besteht darin, dass die Christen in aller Welt auf die Ankunft Jesu Christi warten. Sie feiern jedes Jahr wiederkehrend den Geburtstag von Jesus als Kind im Stall von Betlehem.

Es ist eine spirituelle Zeit vor Weihnachten, wenn wir jeden Sonntag im Advent eine Kerze mehr am Adventskranz anzünden und die Texte der Bibel, die die Adventszeit erklären, zu verstehen versuchen.

Da geht es um die Begegnung des Boten aus der göttlichen Welt, der als Engel der Jungfrau Maria ankündigt, dass sie die Mutter Jesu werden wird. Sie reagiert voller Unverständnis, da sie noch gar nicht mit einem Mann zusammengekommen ist.

Da geht es um die Öffnung des Himmels auf die irdische Welt. Dass Gott selbst in dem Kind von Betlehem sich den Menschen mitteilt und ihnen sagt: Ihr gehört zu mir. Es wird alles gut.

Ihr könnt den Advent als Familie besonders nutzen und euch z. B. Geschichten aus einem Adventskalender vorlesen, euch am Abend vor dem Zubettgehen noch einmal um den Adventskranz versammeln, eine Geschichte hören und eine Kerze anzünden – euch Zeit nehmen, zur Ruhe kommen.

Es kann schon sein, dass ihr als Familie damit den Rhythmus in dieser Zeit ändern müsst, aber sich auf diese besondere »Ankunft« Gottes bewusst vorzubereiten lohnt sich.

49. Wochenende:
Besondere Menschen

FREITAG

Es ist gar nicht so einfach mit der Toleranz.

Wer anders denkt,
denkt auch.

Wer anders glaubt,
glaubt auch.

Wer anders liebt,
liebt auch.

Und auch nicht anders
als andere.

PETRUS CEELEN

Vielleicht haben Sie zurzeit mit Menschen zu tun, die auch denken – aber anders. Vielleicht haben Sie mit Menschen zu tun, die auch glauben – aber anders, die auch lieben, aber anders.

Es ist nicht einfach mit der Toleranz, denn die Menschen, die jetzt als »besondere Menschen« gelten, wurden zu ihrer Lebenszeit oft als »eigen«, als »komisch«, als »verrückt« angesehen … Im Rückblick ist es leichter, Menschen als »besondere Menschen« anzusehen, dies gilt vielleicht für einen Großonkel, der in seiner Generation als ziemlich schräg angeschaut wurde, das gilt für eine Tante, die entgegen den gesellschaftlichen Erwartungen früh ihren eigenen Lebensstil entwickelte. Wir Menschen sind verschieden, jede und jeder von uns ist ein besonderer Mensch – und das ist gut so.

SAMSTAG

Nikolaus

Heute ist der 6. Dezember. Anna weiß genau, was das für ein Tag ist: Es ist der Nikolaustag! Und weil sich Anna so auf den Nikolaus freut, ist an diesem Tag von Anfang an alles anders:

Normalerweise steht Anna morgens nicht gleich auf, sondern bleibt noch ein bisschen im Bett liegen und blättert in einem Buch. Aber heute ist sie schon lange wach, bevor der Wecker ihrer Eltern klingelt. Sie schlüpft aus dem Bett und schleicht auf ihren dicken Wollsocken durch die dunkle Wohnung – ob der Nikolaus wohl schon da war und etwas gebracht hat?

Im Wohnzimmer stehen ihre Winterstiefel, die sie am Vortag sauber geputzt und aufgestellt hat. Und tatsächlich: Beide Stiefel sind bis oben hin gefüllt mit Nüssen, Mandarinen und Äpfeln und in einem der beiden Stiefel steckt obendrein ein riesengroßer Schokonikolaus, der in glänzendes Papier gewickelt ist. Anna macht einen kleinen Freudenschrei. Nach dem Frühstück, packt sie die vielen Nikolausgaben auf einen großen Teller, schließlich braucht sie die Winterstiefel, um in die Schule zu gehen, denn draußen ist es schon recht kalt.

Anna geht in die erste Klasse. Auf dem Weg zur Schule erzählt sie ihrer Freundin Julia von ihrem Nikolausgeschenk. Julia hat noch nichts bekommen. Zu ihr und ihren beiden Geschwistern kommt der Nikolaus am Abend. Das haben ihre Eltern gesagt. Julia freut sich schon.

In der Schule bekommen alle Kinder von ihrer Lehrerin einen roten Apfel und Nüsse. Im Morgenkreis erzählt die Lehrerin vom heiligen Nikolaus: Er hat vor langer, langer Zeit in der heutigen Türkei gelebt und anderen Menschen, denen es nicht so gut ging, immer geholfen. Einmal hat er einem armen Mann drei goldene Äpfel geschenkt, damit dieser seine drei Töchter gut verheiraten konnte. Damals konnten nur reiche Mädchen gute Ehemänner bekommen. Anna staunt nicht schlecht. Sie ist froh, dass ihre Eltern nicht arm sind.

In der Pause sagt Jan, eine Junge aus Annas Klasse, dass es den Nikolaus gar nicht gibt. Er behauptet, die Erwachsenen würden den Kindern Geschenke machen. Und die Nikoläuse, die auf dem Adventmarkt unterwegs sind, seien nur verkleidete Männer und Frauen. Anna ist sich aber sicher, dass es den Nikolaus gibt. Schließlich hat sich ihre Lehrerin die Geschichten nicht nur ausgedacht! Julia sagt nicht viel, sie ist sich nicht sicher, was sie glauben soll.

Auf dem Heimweg sind Julia und Anna sehr schweigensam. Anna denkt darüber nach, was Jan gesagt hat. Gibt es nun den Nikolaus oder nicht?

Beim Mittagessen erzählt Anna von der Nikolausfeier in der Schule. Und dann fragt sie ihre Mutter: »Der Jan hat gesagt, es gibt keinen Nikolaus. Er hat gesagt, dass die Geschenke von den Erwachsenen kommen und nicht vom Nikolaus. Aber die Frau Lehrerin hat uns eine Nikolausgeschichte erzählt. Und was die Frau Lehrerin sagt, muss doch stimmen, oder?«

Annas Mutter hört ihrer Tochter aufmerksam zu. Dann sieht sie ihr fest in die Augen und meint: »Die Legenden vom heiligen Nikolaus hat sich die Frau Lehrerin nicht einfach so ausgedacht, die gibt es wirklich. Die haben schon meine Lehrerinnen in der Schule erzählt. Sie stehen sogar in verschiedenen Büchern.« Anna löffelt ihre Suppe und denkt nach. Ihre Gedanken sind etwas durcheinander geraten. Ihre Mutter denkt auch nach, und schließlich fragt sie: »Was denkst du denn eigentlich, Anna?« Anna weiß es selbst noch nicht genau, sie muss noch ein bisschen nachdenken. Sie zuckt mit den Schultern.

Als sie ihren Schokopudding isst, findet Anna die Antwort und sie erklärt ihrer Mutter: »Weißt du, vielleicht stimmt ja alles: Die Geschichten vom Nikolaus gibt es. Das hast du ja gesagt. Aber es gibt da ja nur einen einzigen Nikolaus. Und es sind so viele Kinder, die etwas bekommen wollen. Wahrscheinlich helfen die Erwachsenen dem Nikolaus ein bisschen, damit er die ganze Arbeit nicht alleine machen muss!« Anna lächelt zufrieden. Endlich hat sie ihre Antwort gefunden.

Hinweis für Erwachsene:

Wenn wir mit Fragen von Kindern konfrontiert werden, so ist es für uns verlockend, den Kindern einfach die Antworten zu geben. Wir wollen, dass die Kinder Bescheid wissen, wollen sie »aufklären«. In manchen Bereichen der kindlichen Er-Lebenswelt ist es sinnvoll, den Kindern Anstöße zum eigenständigen Nachdenken zu geben, und sie dadurch ihre eigenen Erklärungsansätze entwickeln zu lassen. Die teilweise fantasievollen Antworten, die Kinder finden, sind oft nicht weit von unseren Erklärungen entfernt. Das Überlegen und Nachdenken stärkt die kindliche Problemlösefähigkeit und die Antworten, die Kinder finden, entsprechen ihrer Seele mehr, als unsere klugen Erklärungen.

SONNTAG

Heiligenverehrung

Heilige sind »Volltreffer« Gottes. Sie haben in bestimmten Situationen Vorbildliches getan, was auch für uns anregend und hilfreich sein kann.

Mutter Theresa von Kalkutta hat die auf der Straße sterbenden Menschen »aufgelesen« und sie in ihren Sterbehäusern gepflegt und begleitet. Sie und ihre Schwestern haben Straßenkinder gerettet und ihnen die Möglichkeit gegeben, zu überleben. Millionen anderer Menschen haben nicht so gehandelt wie Mutter Theresa von Kalkutta. Aber sie wurde für viele zum Vorbild. Als sie zum Katholikentag in Freiburg war, haben Freiburger Schülerinnen sie gefragt: »Mutter Theresa, wie können wir Ihnen helfen?« Sie antwortete ihnen kurz und knapp: »Kennt ihr die Armen eurer Stadt?« Sie wies darauf hin: »Nicht ganz weit weg ist eure Aufgabe, sondern in eurer Nähe, bei den Kindern, denen es in Freiburg nicht gut geht, bei den Menschen, die in Freiburg betteln müssen und nicht weiterkommen.«

Im Laufe der Kirchengeschichte sind von der katholischen Kirche auch Menschen heiliggesprochen worden, mit denen wir heute nicht mehr viel anfangen können. Aber sie waren für ihre damalige Zeit vorbildliche Menschen, die das, was Jesus ihnen als Auftrag gegeben hat, umgesetzt haben.

Heute »heilig« werden, heißt nicht etwas Besonderes zu tun, denn jeder Mensch ist schon »geheiligt«, weil Gott ihn heil machen will und heil macht. Die Heiligkeit Gottes geht auf uns als seine Geschöpfe über.

Es ist nicht der Papst, der die Menschen heilig macht, indem er sie heiligspricht. Gott selbst hat die Menschen schon heilig gemacht, indem er ihnen seinen Heiligen Geist mitgegeben hat. In jedem Menschen steckt also bereits der »Same« der Heiligkeit. Wie wir damit umgehen, ist unsere Aufgabe und Verantwortung. Es ist unsere Aufgabe, während unseres Lebens auf der Welt mehr Licht als Dunkelheit zu verbreiten.

Die Namen, die wir bei der Taufe Kindern geben oder die wir selbst bekommen haben, beziehen sich sehr oft auf einen heiligen Namenspatron. Sucht im Internet oder in Büchern, was und wer hinter den Vornamen eurer Familie steckt? Welchen Auftrag hat dieser Heilige oder diese Heilige für euch? Namenspatrone sind wie gute Freunde, die uns auf dem Weg mit Gott begleiten.

Auf dem Weg zur Krippe

FREITAG

Für manche Kinder ist die Wartezeit bis Weihnachten unendlich lang. Manchmal ist auch für uns die Zeit lang, bis endlich die Feiertage und mit ihnen ein paar freie Tage kommen. Manchmal sind die Tage vor dem Fest aber auch zu knapp, um alles zu erledigen. Die Adventswochenenden fordern Geduld, sie fordern, noch durchzuhalten und auszuhalten. Sie zwingen uns zu warten.

Wir warten oft, zum Beispiel beim Arzt oder der Ärztin, wir warten in der Bäckerei oder beim Metzger bis wir dran kommen, wir warten auf die Straßenbahn oder den Bus, wir warten am Bahnhof oder am Flughafen. Vielleicht kennen Sie auch die Ungeduld beim Warten, zu Hause, in der Familie, im Büro – der Ärger, der in mir wächst, wenn ich zu lange warten muss.

Es ist faszinierend, wie unterschiedlich »warten« sein kann: Ich kann warten und mich ärgern, dass ich warten muss. Ich kann warten und mich freuen, dass ich ein paar geschenkte Minuten habe. Ich kann warten und die Menschen um mich herum beobachten. Ich kann warten und über etwas nachdenken, das mich beschäftigt. Ich kann einfach bei mir selbst sein und nichts tun. Das ist gar nicht so einfach: nichts tun.

Warten – für Erwachsene wie für Kinder – kann Nerven kosten, wenn ich jede Minute auf die Uhr schaue, wann es endlich so weit ist, warten braucht auch Kreativität. Vielleicht sind diese Tage im Advent eine Chance, zwischen allem, was vor Weihnachten noch zu erledigen ist, die Warte-Momente kreativ zu füllen. Ich fülle die Zeit des Wartens mit etwas, das für mich angenehm und positiv ist: mit Nichtstun, mit Nachdenken, mit Wahrnehmen, was in mir und um mich herum ist.

SAMSTAG

Die Geschichte vom Schuster Martin

Inga und Tom bekommen heute Besuch: Oma Frieda wird heute bei ihnen sein, weil ihre Eltern in ein Konzert gehen. Die beiden freuen sich schon, denn Oma Frieda ist die beste Geschichten-Erzählerin der Welt!

Abends kuscheln sie sich auf der Couch unter eine Decke. Oma macht das Licht aus. Vor dem Fenster können die Kinder im Licht der Straßenlaterne sehen, dass es schneit: Dicke Flocken fallen vom Himmel. Wohlig kuscheln sie sich zusammen. Oma zündet einige Kerzen an, die ein warmes Licht im Raum verbreiten und setzt sie sich zu den Kindern. »Wollt ihr eine Geschichte hören?«, fragt sie. Inga und Tom können es kaum erwarten.

»Heute habe ich eine besonders schöne Geschichte für euch, eine Geschichte, bei der es um das Teilen geht. Und darum, dass sich jemand um seine Nächsten sorgt. Diese Geschichte ist von Leo Tolstoi. Sie handelt vom Schuster Martin. Er wohnte und arbeitete im Keller, ein kleines Fenster hatte seine Werkstatt, und er sah durch dieses Fenster die Menschen, die auf der Straße vorüber gingen. Aber er sah nur ihre Füße. Die meisten Menschen erkannte er an ihren Schuhen, weil er fast alle diese Schuhe und Stiefel gemacht oder ausgebessert und geflickt hatte.

Martin wohnte ganz allein in seiner Wohnung. Seine Frau und seine Kinder waren gestorben. ›Warum hat Gott mir das angetan, ich habe alle meine Lieben verloren!‹, klagte er einmal. ›Ich kann mich nicht mehr am Leben erfreuen.‹ Ein alter Bauer antwortete: ›Es ist dein Leben, Gott hat es dir gegeben. Wenn du nach Gottes Willen lebst, wirst du nicht mehr so traurig sein.‹ Martin überlegte: ›Wie soll ich nach Gottes Willen leben?‹ Der Bauer gab ihm

den Rat: ›Lies die Bibel, dann weißt du es.‹ Von diesem Tag an las Martin jeden Abend in der Bibel. Tagsüber hatte er viel Arbeit: Er machte neue Schuhe und Stiefel, reparierte abgelaufene Sohlen und flickte Löcher im Leder. Wenn es dämmerte, legte er seine Werkzeuge nieder, zündete die Lampe an und las in der Bibel. Je mehr er gelesen hatte, umso besser ging es ihm.

Eines Morgens sah er vor seinem Fenster ein paar geflickte Stiefel, er wusste, dass das der alte Soldat Stefan war, der draußen Schnee schaufelte. Er sah, wie müde Stefan von der anstrengenden Arbeit war. ›Komm herein, Stefan, wärme dich bei mir auf!‹, rief Martin. Dankbar kam Stefan zu Martin in die Werkstatt. Martin gab ihm eine Tasse Tee. ›Das wird dir gut tun‹, sagte Martin. Als Stefan wieder gegangen war, arbeitete Martin weiter.

Nach einer Weile sah er auf der Straße eine junge Frau mit einem Baby auf dem Arm. Martin sah, dass sie fror in ihrem viel zu dünnen Kleid. Sie versuchte, ihr weinendes Kind vor dem kalten Wind zu schützen. ›Komm herein!‹, rief ihr Martin zu. ›Wärm dich an meinem Ofen.‹ Er gab ihr etwas zu essen und während die Frau aß, kümmerte sich Martin um das Baby. Bevor die Frau wieder ging, holte er seine alte Jacke. ›Bitte, nimm sie! Sie ist zwar schon alt, aber du kannst damit zumindest dein Kind vor der Kälte schützen.‹

Etwas später hörte Martin lautes Geschrei vor seinem Fenster. Eine Marktfrau schimpfte einen Jungen, der ihr einen Apfel gestohlen hatte. ›Du Dieb!‹, schrie sie wütend. ›Ich bringe dich zur Polizei!‹ Martin ging auf die Straße hinaus. ›Lass ihn laufen!‹, sagte er zu der Frau. ›Er hatte Hunger. Den Apfel werde ich dir bezahlen.‹ Er gab der Frau das Geld, nahm den Apfel und gab ihn dem Jungen. ›Ich möchte aber‹, sagte er, ›dass du dich entschuldigst.‹ Der Junge fing an zu weinen. ›Ist schon gut!‹, sagte die Frau mitleidig. Sie hatte die Not des Jungen gesehen.

Martin machte sich wieder an die Arbeit. Als es dämmerte, zündete er die Lampe an und schlug seine Bibel auf. Martin sah im Licht der Lampe den alten Soldaten Stefan stehen. Die Frau mit dem kleinen Kind war auch da, und der arme Junge mit dem Apfel neben der Marktfrau. Alle lächelten Martin an. Martin war glücklich. Er nahm die Bibel, und er las auf der Seite, die er aufgeschlagen hatte: ›Ich war hungrig und ihr habt mir zu essen gegeben. Ich war durstig, und ihr habt mir zu trinken gegeben. Ich war fremd und obdachlos, und ihr habt mich aufgenommen. Ich war nackt, und ihr habt mir Kleidung gegeben. Was immer ihr den geringsten meiner Brüder getan habt, habt ihr mir getan.‹

Eine Weile ist es still im Zimmer. Dann sagt Inga: »Oma, das ist wirklich die schönste Geschichte, die ich seit langem gehört habe.«

SONNTAG

Jesu Geburt in mir

Bald ist Weihnachten, das Fest an dem wir mit der Geburt von Jesus feiern, dass Gott Mensch wurde. An Heiligabend wird dann im Krippenspiel oder im Gottesdienst, der Christmette, die Geburt von Jesus, wie sie im Lukas-Evangelium beschrieben ist, erzählt. Lukas erzählt uns, dass Maria, Josef und das Kind, das dann draußen geboren wird, zunächst keine Aufnahme unter den Menschen finden.

Dass Menschen keinen geborgenen Ort finden, ist leider bis heute so – weltweit suchen Millionen von Menschen einen Platz zum Leben und finden oft keinen. Bereits jetzt nötigen die Klimaveränderungen Menschen in der Südsee dazu, ihre Inseln zu verlassen und anderswo eine neue Heimat zu finden. Kriege und Hungersnöte treiben Menschen in andere Länder. Und Hoffnungslosigkeit bringt viele dazu, eine risikoreiche Reise in Richtung Europa zu starten. Dort werden sie in Flüchtlingslager zurückgedrängt und finden keine Herberge.

Herbergssuche hat aber auch eine ganz persönliche Ebene. Um es in Anlehnung an Angelus Silesius zu formulieren: »Wäre Jesus tausendmal in Betlehem geboren und nicht in mir – ich hätte von Weihnachten nichts begriffen!« Die Frage, ob Gott in dieser Welt ankommt und wie und wo er ankommen kann, stellt sich ja nicht nur für damals, sondern auch für heute. Advent ist unsere ritualisierte Warte- und Vorbereitungszeit auf die Ankunft Gottes unter uns Menschen.

Wir können uns im Advent in unserer Familie darauf vorbereiten, dass Gott unter uns Mensch wird:

★ Wir können gemeinsam überlegen, wem es in unserem direkten Umfeld an Geborgenheit fehlt und überlegen, wie wir diejenigen unterstützen können.

★ Lukas erzählt uns, dass Jesus an einem der ärmlichsten Orte der damaligen Zeit zur Welt kam: in einem Stall. Wo wäre heute ein so armer Ort? Was können wir tun, um den Menschen an diesem Ort zu helfen?

Weihnachten vor der Tür

FREITAG

Am Arbeitsplatz noch die letzten Handgriffe machen, aufräumen, Kundinnen und Kunden bedienen, alle irgendwie im Stress, eine Abrechnung noch abschließen, auch wenn nicht alles erledigt ist, bald ist es soweit: Weihnachten steht vor der Tür.

Abseits aller Klischees und allen Rummels ist Weihnachten ein berührendes Fest: »Welt, sei still. Es ist Heilige Nacht.« Ein Kind kommt zur Welt – und das ist verbunden mit einem Fest.

Die Welt ist weiterhin so, wie sie ist, Politik und Wirtschaft beeinflussen das Leben der Menschen und die Natur; Gewalt, Folter und Kriege zerstören das Leben von Menschen. Und dennoch – in dieser Welt feiern Christinnen und Christen auf der ganzen Welt die Botschaft: »Friede den Menschen.« Eigentlich wunderbar. Wie wenn es an dem Abend für ein paar Momente ein bisschen stiller wird.

Vielleicht haben Sie diese Erfahrung selbst machen können, bei der Geburt Ihrer eigenen Kinder, oder auch, wenn wir beim Sterben eines Menschen dabei sind und ausharren: »Welt, sei still.« Hier geschieht etwas ganz Besonderes, hier geschieht etwas Unbeschreibliches. Für einen Moment scheint es, als hielte »die Welt« den Atem an.

Für einen kurzen Moment, für ein paar Atemzüge lang: »Friede den Menschen.« Ungezählte Männer und Frauen auf der ganzen Welt setzen sich dafür ein, dass auf der Welt Frieden sei, keine Gewalt, keine Folter – auch wenn es oft so schwierig ist und so wenig fruchtet. Aber gerade deshalb ist es gut, das Fest jedes Jahr zu feiern, sich an die Botschaft zu erinnern: »Friede den Menschen.«

Vielleicht gelingt es Ihnen auf Weihnachten hin, den Trubel und die Arbeit für kurze Zeit loszulassen, um frei zu sein für diese Momente, in denen es scheint, als hielte »die Welt« den Atem an.

SAMSTAG

Weihnachten vor»bereiten«

Weihnachten steht vor der Tür

Der letzte Schulranzen und Kindergartenrucksack ist in der Ecke verstaut, die Weihnachtsferien haben angefangen. Erholung. Die Ruhe des Weihnachtsfestes möchte sich gern breitmachen. Aber noch ist viel zu tun, die Ruhe muss noch warten. Der Christbaum muss noch aufgestellt und geschmückt werden, der Wohnung fehlt noch der letzte weihnachtliche Schliff, die Kinder sind aufgekratzt und überdreht.

Vielleicht können die folgenden Anregungen dazu beitragen, dass sich die Stimmung in den letzten Stunden vor dem Fest nicht überschlägt, sondern die Situation etwas entschleunigt werden kann. In der Weihnachtsvor»bereit«ung steckt auch, dass wir uns für Weihnachten »bereit« machen und uns gegenseitig das Weihnachtsfest »bereiten«.

Der Weihnachtsbaum

In vielen Familien wird der Weihnachtsbaum gemeinsam mit den Kindern am 23. Dezember geschmückt. Das ist ein nicht immer ganz einfaches Unterfangen, da die kindlichen Vorstellungen über die Gestaltung des Baumes sich nicht immer mit jenen der Eltern decken, aber mit ein bisschen elterlicher Flexibilität kann es doch ein sehr schönes Erlebnis werden. Kinder und Eltern können gemeinsam den Baumschmuck auswählen, und überlegen, wie er ungefähr am Baum angeordnet werden soll. Die Kinder schmücken naturgemäß eher die untere Hälfte des Baumes, oben kommen die Erwachsenen besser dran. Wenn der Baum fertig geschmückt ist, kann er gemeinsam ausgiebig bewundert werden: Wie schön er erst am Heiligen Abend aussehen wird, wenn die Lichter brennen, und das Fest endlich da ist.

Die Weihnachtskarten und zweckfreies Weihnachtsbasteln

Vielleicht gibt es noch eine Weihnachtkarte, die vergessen wurde zu schreiben? Mit Tonpapierresten, Silberpapier, Glitzerstiften, Schere und Klebstoff entstehen Weihnachtskarten, Sterne, Engel, Schnellbilder mit Watte, Weihnachtslandschaften, ein Christkind-Begrüßungs-Bild im Großformat. Vielleicht haben auch Sie als Eltern, angesteckt durch die kindliche Kreativität, Lust mit zu basteln.

Bücher und Geschichten

Weihnachtlichen Bilder- und Kinderbüchern können schon vor dem Beginn der Adventszeit hervorgeholt werden. Ein besonderes Erlebnis kann es sein, wenn Sie sich die Zeit nehmen, gemeinsam einander aus diesen Büchern vorzulesen. Schulkinder können abwechselnd mit den Eltern die Texte lesen, jüngere Geschwister können vielleicht eine Geschichte, die sie im Kindergarten gehört haben, erzählen.

Spaziergang

Sie können einen Weihnachtsspaziergang machen. Besonders stimmungsvoll ist ein solcher Spaziergang, wenn Schnee fällt. Auch die beginnende Dämmerung kann eine besonders weihnachtliche Stimmung bringen. In größeren Ortschaften und Städten gibt es weihnachtliche Dekoration, Sie können die Vorbereitungen auf das Fest beobachten, vielleicht hören Sie weihnachtliche Klänge, vielleicht kommen Sie an der Kirche vorbei und nehmen sich die Zeit, hineinzugehen und dort in der Stille die weihnachtliche Stimmung in Ihnen zu hören, zu spüren, einander davon zu erzählen.

Kinderchristmette

Am Heiligen Abend gibt es nachmittags oder am frühen Abend in fast allen Kirchengemeinden eine Kinderfeierstunde, in der die Geburt von Jesus Christus in kindgerechter Weise aufbereitet und mit den Familien gefeiert wird. Vielerorts gibt es auch die Möglichkeit, am Weihnachts-Friedens-Licht aus Betlehem eine Kerze zu entzünden und dann in einer Laterne mit nach Hause zu nehmen.

SONNTAG

Unser Heiligabend

Die Weihnachtsbräuche haben ihre Mitte und ihre tiefen Wurzeln in dem Geschenk, das Gott selbst uns macht. Er schenkt uns Jesus von Nazaret, der aus der Welt Gottes in unsere Welt herabsteigt, der durch sein Leben, durch sein Sterben und durch seine Auferweckung zum Erlöser der Welt wird. Gott selbst kommt auf Sie als Familie zu und schenkt Ihnen seine Nähe und Geborgenheit.

Dem Adventsrummel sind Sie nicht zwangsläufig ausgeliefert. In Ihrer Familie können Sie eine Gegenwelt entwickeln, gemeinsam den eigentlichen Sinn suchen und feiern und in der Familie Antennen entwickeln, um in diesem Fest die Beziehung mit Gott und Heilkraft für Ihr gemeinsames Leben, nicht nur in der Weih-Nacht, sondern auch in den vielen All-Tagen im kommenden Jahr zu finden.

Weniger ist mehr in der Vorbereitung auf dieses Fest. Im Feiertagsstress entzünden sich unnötige Konflikte, die nur zu Enttäuschungen führen. Wer viele unerfüllte Wünsche und Sehnsüchte eines ganzen Jahres in die Feier des Heiligen Abends hineinpresst, erhöht nur den Erwartungsdruck. Stattdessen ist es hilfreich, das Fest gemeinsam in Ruhe und Gelassenheit vorzubereiten und auch die Kinder in die Verantwortung für die Gestaltung einzubeziehen. Die Gestaltung des Heiligen Abends kann mit einem Weihnachtslied, das in der Familie Tradition hat, beginnen. Danach ist Vorlesen dran: Die Weihnachtsgeschichte Jesu im Lukas-Evangelium, Kapitel 2,1–20. Eine kindgerechte Fassund der biblischen Erzählung finden Sie auf den folgenden Seiten.

Sie können gemeinsam mit Ihren Kindern zum Kind in der Krippe beten – für Ihre Freunde, die Oma und den Opa, für kranke und verlassene Kinder. In manchen Familien darf eines der Kinder die Jesusfigur in die Krippe legen, ein anderes die Kerze vor der Krippe entzünden. Es ist eine wunderbare Erfahrung, gemeinsam schweigend in das Licht zu schauen und dann zusammen die Kerzen des Weihnachtsbaumes anzuzünden – sie wird Ihnen und Ihren Kindern unvergesslich bleiben.

Der Weihnachtsritus aus der Kindheit behält auch für viele Jugendliche seinen Reiz, wenn die Gestaltung entsprechend mitwächst. Die Bitten für andere Menschen in der Heiligen Nacht werden von Fünfzehnjährigen natürlich anders formuliert als von Sechsjährigen. Jugendliche können auf ihre Weise den Heiligen Abend mitgestalten, ein Gebet aussuchen oder formulieren, lebensnah und im Blick auf die Familienereignisse stimmig. Das vergangene Jahr mit unerwarteten Überraschungen, mit Freuden und Kummer, kann so an die Krippe gebracht werden.

Ein gemeinsames Vaterunser und ein Weihnachtslied schließen eine solche »Familienliturgie« am Heiligen Abend ab. Die Gefühle sind so eingebettet in Gebete und solidarische Fürbitten. Danach erst gibt es die Geschenke und anschließend das gemeinsame Essen.

Wenn der Tannenbaum, die Krippe, die Geschenke, das gemeinsame Essen Ausdruck des Wunders der Heiligen Nacht werden, dann geht es nicht um Kitsch und Gefühl, vielmehr ist dann die Feier der Heiligen Nacht ein religiöser Höhepunkt im Familienleben.

Gebet an der Krippe

Jesus Christus,
du Kind in der Krippe,
dir bringen wir unsere Sorgen und Hoffnungen.
Begleite du unser Leben im nächsten Jahr.
Jesus Christus,
du Retter der Welt,
wir bitten dich in dieser heiligen Nacht für unsere
ganze Familie.
Jesus Christus,
du Kind in der Krippe,
schau auf alle Menschen in ihren Nöten
und Verzweiflungen.
Stehe ihnen bei und sei ihnen Licht
in ihren Dunkelheiten.
Jesus Christus,
du Kind in der Krippe,
vor dich legen wir all das, was uns
gelingt im Leben,
vor dich legen wir alle Sorgen und Angst.
Stärke uns in Krankheit und Not!

HEILIGER ABEND – WEIHNACHTEN

In jener Zeit regierte Kaiser Augustus. Er befahl: »Jeder muss in seine Heimat kommen und seinen Namen auf eine Liste schreiben lassen.« Alle gingen hin.

Auch Josef zog von Nazaret hinauf nach Betlehem – zusammen mit Maria, seiner Verlobten. Denn Betlehem war seine Heimatstadt. Maria war schwanger. Sie erwartete ein Kind, wie es der Engel gesagt hatte.

Als sie nach Betlehem kamen, war es soweit: Das Kind kam zur Welt. Maria gebar einen Sohn. Wo sollte sie ihn hinlegen? Wo konnten sie bleiben?

Maria wickelte das Kind in Windeln und legte es in eine Krippe. Denn in der Herberge gab es keinen Platz für sie.

Es war mitten in der Nacht. Draußen auf dem Feld wachten Hirten bei ihren Schafen. Plötzlich kam ein Engel zu ihnen – voller Licht und Glanz. Was war das? Die Hirten erschraken. Sie hatten Angst. Doch der Engel sprach: »Fürchtet euch nicht! Ich bringe euch eine große Freude – euch und allen Menschen. Heute ist euer Retter geboren! Ihr werdet das Kind finden – es ist in Windeln gewickelt und liegt in einer Krippe.« Und plötzlich waren mit dem Engel noch viele Engel da. Eine riesige Schar Engel erschien am Himmel. Sie alle lobten Gott. Sie sangen: »Ehre sei Gott in der Höhe und Friede den Menschen auf Erden.« Dann kehrten die Engel zum Himmel zurück.

Da sagten die Hirten zueinander: »Kommt, wir gehen nach Betlehem, um zu sehen, was geschehen ist.« Sie liefen, so schnell sie konnten. Und was fanden sie? Maria und Josef und das Kind, das in der Krippe lag. Es war genauso, wie es der Engel gesagt hatte.

Dann gingen sie weg und erzählten überall, was sie gehört und gesehen hatten. Sie berichteten von dem Engel, der zu ihnen sprach. Sie redeten vom Kind in der Krippe, von Maria und Josef. Und die Menschen staunten.

Die Sterndeuter machten sich auf den Weg. Der Stern zog vor ihnen her, immer weiter. Es war derselbe Stern, den sie schon im Morgenland gesehen hatten. Dort, wo das Kind war, blieb er stehen. Sie traten ins Haus – und hatten große Freude, denn sie fanden das Kind und Maria, seine Mutter.

Die Sterndeuter verneigten sich tief und holten ihre Geschenke hervor: Gold, Weihrauch und Myrrhe. Es waren kostbare Schätze für den großen König.

VRENI MERZ

Hilfen zum Verständnis: Jesus ist geboren

Zwei Geschichten sind hier zusammengefasst: Die Geschichte von der Geburt im Stall mit den Hirten (Lukas 2,1–18) und die Geschichte von den »Weisen aus dem Morgenland« (Matthäus 2,9b–11). In beiden wird die Geburt des Erlösers, die wir fast nur noch als Weihnachtsidylle erleben, in einen weltweiten Zusammenhang gestellt. Indirekt, aber beziehungsreich in der ersten: Der Kaiser, der die Volkszählung oder Steuerveranlagung angeordnet hat, wird zum heimlichen Gegenspieler des göttlichen Kindes. Während Augustus in Rom, auf dem Höhepunkt seiner Macht, sich als Weltheiland feiern lässt, der den Völkerfrieden garantiert, kommt der wahre Heiland der Welt und Friedenskönig in einem Winkel seines Reiches im Stall zur Welt. Nicht die Mächtigen der Erde, sondern arme und verachtete Hirten machen ihm ihre Aufwartung. Eine Umkehrung der Maßstäbe kündigt sich an, die in Jesu Umgang mit den Verachteten und Ausgestoßenen ihre Fortsetzung und in seinem schmachvollen Sterben ihren letzten Ausdruck finden wird.

In der zweiten Geschichte kommen die Vertreter der großen Welt direkt zur Krippe. Es sind allerdings keine Könige – dazu hat sie erst der Volksglaube gemacht. Das Wort, mit dem sie im Griechischen bezeichnet werden, lässt sie als Sterndeuter erkennen: Angehörige einer Gelehrten- oder Priesterkaste, die aus den Sternen das Schicksal lesen. Offenbar kommen sie aus Babylonien, wo diese »Kunst« hoch entwickelt und hoch geachtet war.

Nun führt der Stern von Betlehem die gelehrten Heiden zu dem, der das wahre Licht ist, vor dem alle Sternenweisheit verblasst. Man hat viel darüber nachgedacht, was für einen Stern sie gesehen haben könnten. Handelt es sich, wie der Text nahe legt, um einen neu aufgetauchten Einzelstern oder vielleicht um eine außerordentliche Planeten-Konstellation?

Aber es gilt, nicht an vordergründigen, vielleicht unlösbaren Fragen hängen zu bleiben. In dieser Geschichte, wie in der von der armen Geburt, steckt ein tiefer, zeichenhafter Sinn. In den Hirten standen Vertreter Israels an der Krippe (nicht Vertreter des offiziellen Israels, sondern der Armen, die Jesus selig preisen wird). In den »Weisen« kommen die Vertreter der übrigen Völker und huldigen dem Kind als ihrem König mit Gaben, die eines Königs würdig sind.

Für beide, Juden und Heiden, ist Jesus gekommen und beide finden den Weg zu ihm. Seitdem kommen – durch Jahrhunderte – Menschen auf den Spuren der Hirten und Weisen zu dem Kind in der Krippe:

»Ich steh an deiner Krippe hier,
o Jesu, du mein Leben,
ich komme, bring und schenke dir,
was du mir hast gegeben ...«

Eine Stern-Geschichte

Es war einmal ein kleiner Stern. Er war sehr klein und leuchtete deshalb nicht so hell wie seine Brüder und Schwestern. Die Menschen achteten nur auf die großen, starken Sterne und bewunderten ihr helles Licht. Aber den kleinen Stern bemerkten die meisten gar nicht. Das machte den kleinen Stern manchmal ein bisschen traurig.

Wieder einmal war es Abend geworden und die Sterne begannen zu funkeln. Auch der kleine Stern glänzte vor sich hin. Da bemerkte er unter sich auf der Erde ein kleines Licht, das unruhig flackerte. Er sah genau hin und konnte erkennen, woher das Licht kam: Auf einem Feld hatten sich einige Menschen um ein Feuer versammelt, um sich zu wärmen und die Dunkelheit der Nacht zu erhellen. Um sie herum lagen Schafe auf der Weide und schliefen. Als der Stern noch genauer hinschaute, erkannte er, dass unter den Hirten auch ein kleiner Junge war. Dieser kleine Hirte wärmte sich am Feuer. Dann legte er sich auf das weiche Gras, wickelte sich in eine Decke ein und sah hinauf in den Himmel. Die Blicke des kleinen Hirten und des kleinen Sterns trafen sich. Der kleine Hirte setzte sich überrascht auf und schaute angestrengt in den Himmel. Und der kleine Stern erschrak ein wenig und sein Licht blinkte irritiert. Noch nie hatte ihn ein Mensch so direkt angeblickt! Als er sich wieder beruhigt hatte, sah er wieder nach unten. Der Hirte lächelte ihn freundlich an und der kleine Stern blinkte zurück. In diesem Moment spürte der kleine Stern, dass diese Nacht etwas ganz Besonderes war. Er wusste nicht genau, weshalb er dieses Gefühl hatte. Aber er war sich ganz sicher, dass dieser Moment sehr wichtig war. Auch der kleine Hirte spürte das und beide warteten gespannt, was nun passieren würde.

Plötzlich hellte sich der Himmel auf und ein wunderbares Licht umstrahlte sie. Ein Licht, das sie noch niemals gesehen hatten. Die Hirten sprangen erschrocken auf und blickten verstört um sich. Die Schafe begannen ängstlich

zu blöken. Nur der kleine Hirte blieb ganz ruhig sitzen und hatte keine Angst. Auch die Sterne am Himmel begannen nervös zu blinken, denn so etwas hatten sie noch nie erlebt. Ein solch helles Licht inmitten der dunklen Nacht! Nur der kleine Stern blieb ruhig und wartete neugierig, was nun geschehen würde.

Aus dem Licht erklang eine Stimme, die zu ihnen sprach: »Fürchtet euch nicht, denn ich verkünde euch eine große Freude, die dem ganzen Volk zuteilwerden soll: Heute ist in der Stadt Davids der Retter geboren; er ist der Messias, der Herr. Und das soll euch als Zeichen dienen: Ihr werdet ein Kind finden, das in Windeln gewickelt ist und in einer Krippe liegt.« Und plötzlich umgab sie ein himmlischer Lobgesang. Langsam wurde es wieder dunkel und die Nacht umgab sie. Die Hirten blickten sich an und obwohl einige von ihnen schon sehr alt waren und das Leben sie klug und weise gemacht hatte, wussten sie nun nicht genau, was sie tun sollten: Sie hatten die Stimme gehört, die ihnen von einem kleinen Kind erzählt hatte, das sie nun suchen sollten. Dieses Kind, das in einem armseligen Stall in einer Krippe lag, sollte der Messias, der Herr sein? Sie sprachen aufgeregt miteinander und waren ratlos.

Der kleine Hirte aber blickte nach oben. Und der kleine Stern blinkte ihm aufgeregt zu. Er spürte genau, was seine Aufgabe war: Er sollte die Hirten zu dem Stall führen. Und obwohl er klein war und sein Licht nicht so stark leuchtete, hatte er diese Aufgabe bekommen! Der kleine Hirte schien dies auch zu verstehen, und er vertraute auf seinen kleinen Stern. Während die alten Hirten noch aufgeregt miteinander sprachen, sagte der kleine Hirte zu ihnen: »Ich weiß, wohin wir gehen müssen!« »Was, du? Woher willst ausgerechnet du wissen, wohin wir nun gehen sollen? Du bist doch noch viel zu klein! Weißt du überhaupt, was du da sagst?!« Die Hirten wollten dem kleinen Jungen nicht glauben. Dieser aber zeigte zum Himmel hinauf und meinte: »Seht ihr den kleinen Stern dort oben? Er kennt den Weg, und er wird ihn uns zeigen! Vertraut mir!« Die Hirten blickten sich ungläubig an und einige von ihnen brummelten missmutig. Aber sie spürten eine wunderbare Kraft in den Worten des kleinen Hirten und schließlich willigten sie ein. Die Hirten holten ihre Schafe zusammen und machten sich gemeinsam auf den Weg. Und der kleine Stern wies ihnen blinkend den Weg.

Wir basteln einen Weihnachtsstern

Oft vergeht die Zeit bis zum Heiligen Abend in der Familie wie im Flug, weil noch so viel zu tun ist. Manchmal wird es für die Kinder aber auch lang, während die Großen alle beschäftigt sind. Dann kann es schön sein, wenn auch die Kinder den Heiligabend vorbereiten, zum Beispiel mit einem gebastelten Weihnachtsstern.

Ihr braucht dafür 16 gleich große Rechtecke aus Transparentpapier, etwa 5 x 10 cm groß. Jedes dieser Rechtecke faltet ihr folgendermaßen:

1. Das Rechteck wird der Länge nach in der Hälfte gefaltet.
2. Die Faltung wird wieder geöffnet, entlang der so entstandenen Mittellinie faltet ihr nun alle vier Ecken bis zur Mittellinie.
3. Danach faltet ihr die vier langen Seiten auch zur Mittellinie, sodass es aussieht wie ein ganz schmaler Drache.
4. Am Schluss klebt ihr alle 16 Teile möglichst exakt in der Mitte zusammen, sodass ein wunderschöner Stern entsteht.
5. Ihr könnt den Stern nun ans Fenster kleben, und das Lichtspiel beobachten, das seine durchscheinende Struktur sichtbar macht.

Ihr habt nun ein Stück Weihnachten an eurem Fenster!

Ihr könnt auch verschiedene Farben verwenden, dies verleiht dem Stern ein besonderes Muster.

52. Wochenende: Bilanz ziehen

FREITAG

Max Frisch hat in seinen Tagebüchern Ende der 1960er-Jahre »Fragebögen« veröffentlicht. Seine Fragen sind überraschend, anregend, aber auch ein bisschen provozierend:

▽ Wissen Sie in der Regel, was Sie hoffen?
▽ Welche Hoffnung haben Sie aufgegeben?
▽ Kennen Sie die Hoffnung Ihres Partners, Ihrer Partnerin?
▽ Wofür sind Sie dankbar?

Viele solcher Fragen fügt Max Frisch an. Sie regen an, darüber nachzudenken, was mich beschäftigt, welche Themen ich ausspare, worüber ich nicht gerne nachdenke und schon gar nicht gerne rede.

Am Ende eines Jahres können wir Bilanz ziehen: Was war in diesem Jahr gut, was belastend, was hat mich gefreut und was Sorgen und Kummer bereitet? Am Ende eines Jahres können wir auch auf manches dankbar zurückschauen. Was ist gelungen, worauf bin ich stolz und worüber habe ich mich gefreut? Vielleicht tauchen auch schwere Erinnerungen auf, der Verlust eines Menschen, Verunsicherungen in der Familie oder schwierige Veränderungen am Arbeitsplatz. Am Ende eines Jahres ist es gut, sich an all das Schwere, aber auch an all das Gute nochmals zu erinnern, um dann loszulassen und »frei« in das neue Jahr zu gehen.

An Übergängen ist es gut, für manches »Dank« zu sagen, manches loszulassen – damit sich der Blick öffnen kann auf das Kommende, damit wir bereit sind für das, was kommen wird. Es ist ein alter Wunsch, an diesen Übergängen begleitet zu sein. Die Worte von Dietrich Bonhoeffer drücken diesen Wunsch aus: »Von guten Mächten wunderbar geborgen, erwarten wir getrost, was kommen mag …« Hoffentlich auch für das kommende Jahr.

SAMSTAG

Lebensbilanz

Heute im Religionsunterricht haben die Kinder sich mit dem Thema Tod auseinandergesetzt. Sie haben eine Geschichte über einen alten Mann gehört, der kurz vor seinem Tod über sein Leben nachdenkt. Clara war davon sehr beeindruckt. Sie musste an ihre Oma denken. Die war ein Jahr krank, bevor sie gestorben ist, und sie hat kurz vor ihrem Tod gesagt: »Clara, wenn du einmal kurz vor deinem Lebensende eine positive Bilanz ziehen kannst, wenn du also sagen kannst: ›Das meiste ist wirklich gut gelaufen. Ich bin zufrieden damit, wie ich mein Leben gelebt habe‹, dann kannst du beruhigt gehen. Ich kann das.« Und die blauen Augen im Gesicht ihrer Oma hatten damals gestrahlt.

Clara ist nachdenklich, als sie von der Schule nach Hause geht. Sie ist nachdenklich, als sie daheim ankommt. Ihre Mutter spricht sie darauf an, und Clara erzählt, was ihr die ganze Zeit durch den Kopf geht.

Am Nachmittag machen die beiden einen Spaziergang durch den frisch gefallenen Schnee. Beide sind nachdenklich geworden. Schließlich fragt Clara: »Mama, wie sieht deine Bilanz im Moment aus? Bist du zufrieden damit, wie du dein Leben bisher gelebt hast?« Lange schweigt ihre Mutter. Schließlich sagt sie: »Ich bin mir sicher, dass ich vieles hätte besser machen können. Aber wenn ich mein Leben noch einmal leben würde, dann würde ich viele Entscheidungen letztendlich doch wieder genauso treffen. Und du?« »Hm«, überlegt Clara, »ich glaube bei mir ist es ähnlich. Aber wenn man sich überlegt, wie das Leben bisher gelaufen ist, dann kann man sich auch Gedanken darüber machen, was gut ist und was man unbedingt wiederholen sollte.« Ihre Mutter nickt: »Ja, das stimmt. Und ich finde, so einen Spaziergang wie gerade eben, wo wir miteinander über die Sachen sprechen, die uns wirklich beschäftigen, so einen Spaziergang sollten wir vielleicht öfter einmal machen: zum Bilanz ziehen, zum Gedanken austauschen und um einander immer wieder aufs Neue kennenzulernen! Das bringt einen im Zweifelsfall auch wieder auf den richtigen Weg.«

★ Wie ist das bei euch, mit der persönlichen Bilanz?
 Seid ihr zufrieden mit eurem Leben?

★ Was ist bisher richtig gut gelaufen?

★ Wo gibt es Veränderungsmöglichkeiten, um euer Leben für euch
 selbst und für einander zu verbessern?

SONNTAG

Blick zurück – und voraus

Wenn das Christentum in unserer Gesellschaft eine Zukunft haben soll, dann braucht es Menschen, denen Jesus wichtig ist. Jesus gibt uns eine große Idee, warum wir auf dieser Welt sind und was wir zu tun haben:

▽ Mehr Friede als Streit.

▽ Gott liebt uns. Wir dürfen auf ihn hoffen, auch wenn wir sterben.

▽ Gott umhüllt uns und behütet uns in unserem Leben – wir müssen ihm nur vertrauen.

▽ Zu unserem Leben gehören auch Trauer und Leid. Manches verstehen wir nicht und können es vielleicht auch (noch) gar nicht verstehen.

▽ Wir können Gott nicht sehen. Aber wir können uns Jesus anvertrauen, der uns von ihm erzählt hat in vielen Bildern und Gleichnissen.

Jesus sagt: »Ich bin der gute Hirt; ich kenne die Meinen und die Meinen kennen mich« (Johannes 10,14). Wir können Jesus als unseren inneren guten Hirten in uns wohnen lassen, dass er uns leitet und begleitet in die richtige Richtung, dass er uns die richtigen Gedanken zur richtigen Zeit eingibt.

Um Jesu Nachfolge zu leben, müssen wir nicht gleich die Welt retten. Oft sind es kleine Schritte, die unser Zusammenleben schöner machen. Was stört mich, was würde ich gerne ändern, und was sollen die anderen ändern? Alle in der Familie nehmen sich etwas Konkretes vor, was sie anders und besser machen können.

Wir machen einige Minuten die Augen zu und denken darüber nach, dann sprechen wir miteinander über konkrete Beispiele, z. B.:

▽ Verantwortung für das eigene Zimmer übernehmen.

▽ Dem kleinen Bruder helfen.

▽ Wie wird es mit den Hausaufgaben anders?

▽ Wir sprechen darüber, wie viel Zeit wir vor dem Fernseher verbringen, welche Sendungen wir anschauen und machen feste Absprachen.

▽ Wir sprechen darüber, ob jemand Hilfe braucht, z. B. die Großeltern oder jemand in der Nachbarschaft, und wie wir ihnen helfen können.

▽ Wir gehen in den Gottesdienst, weil es uns wichtig ist, eine Stunde in der Woche Gottes Wort zu hören und mit ihm zu sprechen.

Schluss, Bilanz und Ausblick

Ein ganzes Jahr – wenn wir das Buch durchblättern, scheint ein Jahr eine lange Zeit. Viele Wochen stehen zur Verfügung, um im Rhythmus des Jahres die Feste zu feiern, den Alltag mit Lachen und mit Tränen, mit Abwechslung und mit Ruhe, mit all den Aufs und Abs zu gestalten. Miteinander zu kochen und zu reden, zu trauern und zu feiern … – vieles hat Platz in einem Jahr und doch scheint die Zeit oft zu rasen.

Vielleicht hat Ihnen das Buch geholfen, die Zeit bewusster wahrzunehmen, immer wieder einen Zwischenstopp zu machen und die Feste und Feiern zu gestalten. Gerne legen wir Ihnen abschließend ans Herz, manches weiter zu feiern, auch wenn die Kinder älter werden. Gemeinsame Mahlzeiten in der Familie, einmal, vielleicht auch mehrmals in der Woche einen gemeinsamen Treffpunkt, um miteinander im Gespräch zu bleiben. Natürlich verändern sich die Zeiten, an denen man sich trifft, auch die Formen werden anders, wenn Kinder älter werden, und dennoch: Vielleicht bewähren sich einzelne Elemente aus dem Wochenende, vielleicht ist es der Samstag, an dem sich alle treffen, oder es wird der Sonntagabend wichtig, um das Wochenende zu besprechen, um sich auszurichten auf die kommende Woche. Wir wünschen Ihnen, nicht aufzuhören, gemeinsame Momente als Familie zu gestalten, auch wenn die Kinder älter werden.

Sie machen Erfahrungen mit dem Buch. Gerne lesen wir Ihre Mails, um zu wissen, welche Impulse, Erfahrungen, Gedanken, Ideen für Sie und Ihre Familie hilfreich waren oder was Sie verändern würden. Gerne kommen wir mit Ihnen ins Gespräch. Und natürlich freuen wir uns über Fotos!

Kontaktieren Sie uns über

▽ berger-barbara@diakonie-traunstein.de
▽ albert.biesinger@uni-tuebingen.de
▽ post@simonehiller.de
▽ helga.kohler-spiegel@ph-vorarlberg.ac.at

Literaturtipps für Familien

Bücher für Eltern

BIESINGER, ALBERT: Wie Gott in die Familie kommt. Zwölf Einladungen, München 2008.

BIESINGER, ALBERT: Kinder nicht um Gott betrügen. Warum religiöse Erziehung so wichtig ist, neue Ausgabe, Freiburg i.Br. u.a. 2012.

KOHLER-SPIEGEL, HELGA: Erfahrungen des Heiligen. Religion lernen und lehren, München 2008.

KÜSTENMACHER, MARION / LOUIS, HILDEGARD: Mystik für Kinder. Kreative Anregungen und Übungen für Kindergarten, Schule, Gottesdienst, Freizeit und Familie, München ^{4}2010.

MASCHWITZ, RÜDIGER: Gemeinsam Gott begegnen. Kinder geistlich begleiten. Das Praxisbuch für Schule, Gemeinde und Familie, München 2011.

SCHNEIDER, STEPHANIE: Der kleine Streitberater. Familienkonflikte lösen mit Herz und Verstand, München 2013.

Bücher für Kinder

BIESINGER, ALBERT / BENDEL, HERBERT / BERGER, BARBARA / BIESINGER, DAVID / HAUF, JÖRN: Gott mit neuen Augen sehen. Wege zur Erstkommunion. Familienbuch – völlig überarbeitete Neuausgabe, München 2012.

BIESINGER, ALBERT: Verbinde dich mit dem Himmel! Ein Geschenkbuch für Kinder mit Gebetsschnur vom Berg Athos, München 2007.

BIESINGER, ALBERT / GAUS, EDELTRAUD / GAUS, RALF: Warum müssen wir sterben? Antworten auf Kinderfragen, Freiburg i.Br. 2011.

BIESINGER, ALBERT / GAUS, EDELTRAUD / GAUS, RALF: Warum hat Gott die Welt gemacht? Antworten auf Kinderfragen, Freiburg i.Br. 2010.

BIESINGER, ALBERT / GAUS, EDELTRAUD / GAUS, RALF: Hört Gott uns, wenn wir beten? Wenn Kinder mehr wissen wollen, Freiburg i.Br. 2009.

BIESINGER, ALBERT / KOHLER-SPIEGEL, HELGA (HG.): Gibt's Gott? Die großen Themen der Religion. Kinder fragen – Forscherinnen und Forscher antworten, München 2007.

BIESINGER, ALBERT / KOHLER-SPIEGEL, HELGA (HG.): Woher, wohin, was ist der Sinn? Die großen Fragen des Lebens. Kinder fragen – Forscherinnen und Forscher antworten, München 2011.

BIESINGER, ALBERT / KOHLER-SPIEGEL, HELGA (HG.): Was macht Jesus in dem Brot? Wissen rund um Kirche, Glaube, Christentum. Kinder fragen – Forscherinnen und Forscher antworten, München 2013.

BIESINGER, ALBERT / MAYER-KLAUS, ULRIKE: Was feiern wir an Ostern? Freiburg i.Br. 2008.

BIESINGER, ALBERT / MAYER-KLAUS, ULRIKE: Was feiern wir an Weihnachten? Wenn Kinder mehr wissen wollen, Freiburg i.Br. 2007.

LOHF, SABINE / BESTLE-KÖRFER, REGINA / STOLLENWERK, ANNEMARIE: Komm, wir entdecken die Welt. Mit Kindern aktiv sein: forschen, entdecken, basteln, spielen, München 2012

OBERTHÜR, RAINER: Neles Buch der großen Fragen. Eine Entdeckungsreise zu den Geheimnissen des Lebens, München ^{8}2012.

OBERTHÜR, RAINER: Neles Tagebuch. Zum Staunen, Nachdenken und Mitmachen, München 2006.

WEBER, ANDREAS MIT EMMA UND MAX: Das Quatsch-Matsch-Buch. Das Aktionsbuch: großstadttauglich und baumhausgeprüft, München 2013.

Bibel für Kinder (und Erwachsene)

MERZ, VRENI: Große Bibel für kleine Leute, München 2009.

OBERTHÜR, RAINER: Die Bibel für Kinder und alle im Haus. Erzählt und erschlossen von Rainer Oberthür, München ^{8}2012.

Bücher für das ganze Jahr

KÖNIG, HERMINE: Das große Jahresbuch für Kinder. Feste feiern und Bräuche neu entdecken, München ^{2}2010.

NEYSTERS, PETER / SCHMITT, KARL HEINZ: Durch das Jahr – durch das Leben. Das christliche Hausbuch für die Familie. Neuausgabe, München 2012.

OBERTHÜR, RAINER: So viele Fragen stellt das Leben. Das Kalenderbuch für alle im Haus, München 2010.

PFRANG, CLAUDIA / RAUDE GOCKEL, MARITA: Das große Buch der Rituale. Den Tag gestalten – Das Jahr erleben – Feste feiern. Ein Familienbuch, München ^{3}2013.

Basisliteratur

HRIBERNIG-KÖRBER, VALENTIONO: Was ist katholisch? Alles Wissenswerte auf einen Blick, München ^{2}2010.

KÖNIG, KARL HEINZ / KLÖCKNER, KARL JOSEPH: beten – singen – feiern. Ein Gebet- und Messbuch für Kinder, München ^{2}2013.

Quellenverzeichnis

S. 30 Bild »Patchwork« © BEATE BIESINGER, Bühl/Baden

S. 44 Wir sind nur Gast auf Erden … Text: GEORG THURMAIR © Verlag Herder, Freiburg

S. 48 Wusstet ihr schon, dass …, in: Heute kocht der König! Regional, saisonal, biologisch, fair, Rezepte-Sammelbuch © JDKJ-DIÖZESANSTELLE ROTTENBURG-STUTTGART, Fachstelle Globales Lernen (Hg.), S. 16

S. 51 ALBERT CULLUM, in: Die Geranie auf der Fensterbank ist eben gestorben, aber Sie reden einfach weiter, Fräulein Schmitt © Insel Verlag, Berlin 1972, S. 58

S. 77, 131, 149, 201, 229 PETRUS CEELEN, in: Stehen © Verlag Katholisches Bibelwerk GmbH, Stuttgart 2006

S. 80 Beten bedeutet, in: DOROTHE SÖLLE, Nach der Schoah. Wie unsere theologischen Entwürfe sich ändern müssen in: BOSCHKI, REINHOLD / MENSINK, DAGMAR, (HG.) Kultur allein ist nicht genug. Das Werk von Elie Wiesel – Herausforderung für Religion und Gesellschaft, Bd. 10: Religion – Geschichte Gesellschaft. Fundamentaltheologische Studien, Münster (LIT Verlag) 1998, S. 159–167, hier: S. 166 f.

S. 91 Versäumnis, INA SEIDEL, in: Gedichte 1905–1955. Festausgabe zum 70. Geburtstag der Dichterin, DVA, Stuttgart 21957

S. 193 PETER BICHSEL, in: Kindergeschichten © Suhrkamp Verlag, Berlin

S. 242 f. VRENI MERZ, in: Große Bibel für kleine Leute © Kösel-Verlag München, in der Verlagsgruppe Random House GmbH, München, S. 224–230 (gekürzt)

S. 246 f. HELLMUT HAUG, in: Das große Bibel-Bilderbuch, gemalt von Kees de Kort © Deutsche Bibelgesellschaft, Stuttgart 1994

Alle biblischen Texte sind entnommen aus: Einheitsübersetzung der Heiligen Schrift © Katholische Bibelanstalt, Stuttgart 1980
Soweit nicht anders angegeben, stammen die Texte von den AutorInnen des Familien-Wochenendbuches: Die Freitage von Helga Kohler-Spiegel, die Samstage von Barbara Berger, die Sonntage von Simone Hiller und Albert Biesinger.
Für Ihre Mitarbeit an den Texten für die Sonntage danken wir Sophie Duhn und Raphael Rauch.